资本市场中的家事法

·陈汉著·

首都经济贸易大学出版社
Capital University of Economics and Business Press
·北京·

图书在版编目（CIP）数据

资本市场中的家事法 / 陈汉著. -- 北京：首都经济贸易大学出版社，2022.9

ISBN 978-7-5638-3363-4

Ⅰ.①资… Ⅱ.①陈… Ⅲ.①婚姻法—研究—中国②家庭—法律关系—研究—中国 Ⅳ.①D923.904

中国版本图书馆 CIP 数据核字（2022）第 089737 号

资本市场中的家事法
陈　汉　著
ZIBEN SHICHANG ZHONG DE JIASHIFA

责任编辑	佟周红　彭伽佳
封面设计	风得信·阿东 FondesyDesign
出版发行	首都经济贸易大学出版社
地　　址	北京市朝阳区红庙（邮编 100026）
电　　话	（010）65976483　65065761　65071505（传真）
网　　址	http://www.sjmcb.com
E-mail	publish@cueb.edu.cn
经　　销	全国新华书店
照　　排	北京砚祥志远激光照排技术有限公司
印　　刷	唐山玺诚印务有限公司
成品尺寸	170 毫米×240 毫米　1/16
字　　数	178 千字
印　　张	18
版　　次	2022 年 9 月第 1 版　2022 年 9 月第 1 次印刷
书　　号	ISBN 978-7-5638-3363-4
定　　价	58.00 元

图书印装若有质量问题，本社负责调换
版权所有　侵权必究

前言

《资本市场中的家事法》一书,终于成稿。这本书的基础性内容,来源于我给中国政法大学商学院的学生讲"企业家法"这门课所积累的教案,后在出版社编辑的鼓励之下,形成了一本较为体系化的教材性质的普法书。通过本书的出版,希望有助于更多的资本市场中的高净值人士了解家事法,用好家事法。

"企业家法"是中国政法大学商学院所设置的一门独具特色的课程。这门课程最初名为"亲属法与继承法",讲授家事法中最核心的内容,即婚姻家庭与继承。后来根据商科院校学生的特定需求,在此基础上给商学院学生讲授与企业融资、资本市场相关的家事法知识,并进一步讲授一些关于企业家风险管理、风险隔离及财富传承的问题。这门课最终定名为"企业家法",就是围绕企业家视角的全生命周期,筛选相关的家事法内容,最终形成本书的核心内容。

本书根据从一般到特殊的原则安排体例结构。

第一章以"创业中的家事法"为题,引出了本书即"企业家法"的核心内容,以较为通俗的语言,讲述创业中及资本市场中家事法的地位。本章以企业家与财富的家庭为核心，分四个小节宏观地阐述了资本市场与财富积累、融资中的资本确认函、创始人可能承担的债务等问题。

第二章和第三章以婚姻为主线展开。第二章从婚前法律关系，到结婚形成的夫妻之间的权利义务，明确婚姻产生了哪些具体的权利义务，而不仅是道义上的责任。第三章则讲述了夫妻共同财产与共同债务，进一步明确了哪些属于个人财产，哪些属于个人债务，属于夫妻财产关系中最重要的内容。这两章的内容具有相对普适性，从内容上看，对从积极财产到消极性的债务，都做了常规的说明；从适用对象来看，不管是企业家还是准备创业的人士，都能以此为参考。此部分是本书的重点内容之一。

第四章聚焦于股权在夫妻法律关系中的特殊地位，属于本书的重点章节之一。股权是夫妻共同财产中，与创业、资本市场关系最密切的部分，也是司法实务中争议最大的财产类型之一。本章对婚姻关系中股权权利的行使、一方在婚内处分股权及离婚时的股权分割问题，都做了较为详细的介绍。本章引用了较多的司法案例，其目的一方面是为了向读者更生动地展示实务中的主要法律关系争议点；另一方面则是为了说明在立法、司法解释尚不完善的情况下，司法中出现的一些不同的观点。这一章除了阐述这一重要话题之外，更想提醒读者们，特别是企业在快速发展中的创业者们，需要做好事先的顶层设计，请专业人士提前长期规划。

第五章以"传承"为核心，属于本书的重点章节之一。在阐述常见的继承纠纷类型之后，本章以遗嘱为核心，说明了常见的遗嘱形式以及常见的遗嘱写法。本章内容以较为大众化的方式，指导考虑家产传承的人士在即使没有专业人士辅助的情形下也能写一份法律效力不受质疑的遗嘱；而对于资产复杂的企业家，读完本章内容可在寻找专业人士之前，对遗嘱的法律要求有基本认知。除继承之外，本章还有两小节的内容，一是讲述"赠与"这种在父母子女之间常见的财产往来方式的法律风险与规划要点；二是关于股权的继承，这种较新的财产继承方式的常见问题及规划。

第六章、第七章、第八章介绍了有关家事法的新内容，包括家族信托、保险与保险金信托，在中国现阶段主要是给高净值群体提供了传统的传承与风险隔离之外的新思路，从法律角度明确家族信托与保险在风险隔离方面的边界，避免对保险有过于偏颇的认识。

第九章属于扩展性阅读章节，主要从公开信息整理了一些域外案例，供读者参考。

本书不仅是给商学院学生提供的一份书面的课程资料，也希望给对资本市场中的家事法感兴趣的读者一个较为全面、务实的知识体系。

限于教科书的性质以及作者的表述方式，本书不得不

"遗漏"在课堂上作为延伸讨论的前卫主题,例如:"借名买房""股权代持""假结婚""假离婚""期权的分割"等,在现有的主题无法找到合适的位置对上述问题予以展开讨论。期待未来能对这部分内容展开介绍。

是为前言。

陈　汉

2022 年 7 月

目 录

第一章　创业中的家事法 …………………………………… 001
　第一节　资本市场与财富的积累 …………………………… 001
　第二节　融资中的《配偶确认函》 ………………………… 007
　第三节　创始人可能承担的债务及其性质 ………………… 018
　第四节　企业家的小概率事件及其法律应对 ……………… 032

第二章　家庭与婚姻法律关系概述 ………………………… 037
　第一节　类婚姻法律关系 …………………………………… 037
　第二节　婚姻的法律效力之身份关系 ……………………… 055

第三章　夫妻共同财产与共同债务 ………………………… 067
　第一节　夫妻共同财产 ……………………………………… 067
　第二节　夫妻共同债务 ……………………………………… 099

第四章　夫妻共同财产之股权 ……………………………………… 105

第一节　股权归属的基本认定规则 …………………………… 105

第二节　股权单方处分的后果 ………………………………… 109

第三节　离婚时的股权分割 …………………………………… 119

第五章　传统家庭财产传承 ……………………………………… 132

第一节　遗嘱与继承 …………………………………………… 132

第二节　遗嘱信托 ……………………………………………… 151

第三节　赠　与 ………………………………………………… 157

第四节　股权的继承 …………………………………………… 161

第六章　境内家族信托 …………………………………………… 181

第一节　家族信托概述 ………………………………………… 181

第二节　典型家族信托 ………………………………………… 185

第七章　保　险 …………………………………………………… 203

第一节　保险与夫妻共同财产概述 …………………………… 203

第二节　保单的现金价值 ……………………………………… 207

第三节　人身保险金的夫妻财产归属 ………………………… 216

第四节　保险的家庭保障 ……………………………………… 226

第八章　保险金信托 …… 230

第一节　保险金信托的合法性基础 …… 231

第二节　保险金信托的业务规范基础 …… 235

第九章　慈善与信托的参考分析 …… 243

第一节　境外家族信托 …… 243

第二节　案例分析：沃尔顿家族的财富传承 …… 254

第三节　梅艳芳身后事：信托的妥与不妥 …… 264

第四节　戴安娜王妃的遗产与信托争议 …… 270

第一章 创业中的家事法

第一节 资本市场与财富的积累

一、资本市场的造富浪潮

根据瑞士信贷发布的 2018 年全球财富报告，中国金融净资产在百万美元以上的高净值人士数量在 2011 年超越了英国，在 2012 年超越了德国和法国，在 2013 年超越了日本，进而成为全球拥有百万美元以上富豪人数第二多的经济体，仅次于美国。

房地产在过去相当长的时间内是中国内地最重要的"造富

机器"。可以说，房地产曾经一直是中国老百姓最重要、性价比最高、投资体验最好的投资工具，房价屡创新高，而股票市场持续萎靡，这种反馈带动中国的个人投资者将越来越多的个人财富投资在房地产市场。持续上涨的房价帮助房地产行业的投资者和投机客们赚得盆满钵满。同时，房地产行业的一路高歌也令一大批地产开发商快速成长，其中大量的民营房地产企业家快速积累了个人财富，成为中国超一线的富豪。随着"房住不炒"政策的推行，近几年互联网科技新贵们的财富开始逐步超越民营地产开发商。

科创板是一个典型的资本市场造富的通道。

在科创板首批25家企业中，有17家公司的实际控制人为自然人。这些公司的实际控制人通过科创板上市均赚取了可观的账面财富。科创板上市首日，截至2019年7月22日午间收盘，科创板共有百余位亿万富豪诞生。科创板编号第一股华兴源创开盘大涨128.77%，市值222.56亿元，其实际控制人陈文源夫妇以83.83%的持股比例，占据科创板首富的位置。2019年7月22日午间收盘，杭可科技市值为219亿元，曹骥、曹政父子持股总市值达到157.44亿元。在福布斯中国富豪榜上，阿里巴巴、腾讯、拼多多、今日头条等科技公司的创始人开始"霸占"榜单，而地产富豪的排名逐步让位于科技新贵。

二、残酷的资本市场

资本市场上，创始人被扫地出门的不幸事件层出不穷，只是大部分人认为这样的结局很不体面，因而选择不将之公之于众。著名的苹果公司联合创始人之一，已故的乔布斯，也有过被董事会扫地出门的惨痛经历。而在中国内地，这样的故事（即创始人"被迫"离开公司）也并不罕见。如俏江南的创始人张兰，她与欧洲最大的私募股权基金公司CVC（CVC Capital Partners，CVC）并不愉快的合作关系最终导致双方都离开了俏江南。

2017年春节前夕，市场上又传出了"大娘水饺创始人吴国强被拒于公司年会门外"的消息。特别令人关注的是创始人吴国强所抱怨的投资方，正是此前与张兰合作产生矛盾的欧洲私募股权基金CVC。在"资本说了算（Money talks）"的资本市场，很难用传统的道德、情感去判断股东之间的争议。但是吴国强的投资案例，还是值得分析的。

与张兰寻求投资者以便借助资本的力量进一步发展并扩展公司的目标不同，吴国强引入CVC基金的主要原因是考虑到家族企业的传承问题。1996年，吴国强在江苏常州开始经营其第一家大娘水饺店。在吴国强的带领下，大娘水饺经过十几年的发展，成为中式快餐行业的领军企业之一，在全国十多个省市有几百家门店。在出售股权的 2013 年，大娘水饺已在全国 19 个省市拥有 450 家连锁店，总销售收入超过 15 亿元，员工达 7 000 人。2013 年，年满 60 岁的吴国强因为个人精力有限，又没有找到合适的接班人，就开始考虑把企业交给专业的团队，从而让企业的发展再上一个台阶。在这样的背景下，他将大部分股权出售给了 CVC 基金，获得了一笔不菲的财富。同时，他作为小股东依然留在公司，但从公开的大娘水饺餐饮集团工商登记信息得知，吴国强已经不再担任公司董事职务。

大娘水饺餐饮集团有限公司在引入外部资本之前，属于一个典型的家族企业。创始人吴国强由于其独特的人格魅力及在公司发展中的贡献，其公司治理与管理都极具个人色彩。这也是绝大部分家族企业的显著特征。在 CVC 退出之前，很难评述该基金投资大娘水饺成败与否。从大娘水饺餐饮集团有限公司的官网看，2016 年该公司还在不断地开设新店面，这至少算是一个积极的信号。

三、"陨落"的富豪们

大娘水饺创始人吴国强只是"失去"了公司的控制权，从财富角度并未有太多损失。而近些年，资本市场一方面造就了众多的巨富，另一方面也见证了诸多"富豪"的陨落。东方园林的创始人何巧女就是这些落魄创始人中的一位。

何巧女毕业于北京林业大学园林学院。在辞去原本稳定的体制内工作后，从买卖苗木盆景开始，何巧女在 1992 年创办了东方园林公司，并一手将其送进了深交所（SZSE）。因对外承诺捐出大量财产，何巧女被称为"中国女首善"，一度受到社会多方面的关注。2017 年，东方园林迎来了高光时刻：10 月 23 日，东方园林公司盘中股价创下 22.64 元的历史新高，市值也首次突破 600 亿元。2017 年前三季度营业收入 86.35 亿元，同比增加 72%；归属上市公司股东的净利润 8.66 亿元，同比增加 68%。

但是好光景并不长久：2018 年 5 月 20 日下午 16 时，东方园林贴出公告，公司计划发行的规模 10 亿元的公司债券，实际最终发行规模仅 5 000 万元。曾经东方园林的总市值超过 600 亿元，是园林类上市公司中的第一股。在此后数小时内，东方园林发债失利的消息迅速流传，令市场震惊。有市场人士直接将东方园林这次失利的发债称为"史上最冷发债"。

2019 年 7 月 30 日，东方园林临时停牌。7 月 30 日的东方园林公告称，公司控股股东、实际控制人何巧女及唐凯拟以协议转让的方式向北京市朝阳区国资委转让 5% 的股权，涉及实际控制人变更。若本次完成上述股权的转让，朝阳区国资委在东方园林的持股占比仍远低于何巧女及唐凯。而何巧女及唐凯合计直接持有东方园林约 11.85 亿股，约占东方园林总股本的 44.13%。但据公告，朝阳区国资委获得控制权的方式还包括委托表决权。公告显示，接手上述 5% 股权的是北京市朝阳区国有资本经营管理中心全资子公司北京朝汇鑫企业管理有限公司（以下简称"朝汇鑫"）。朝汇鑫将通过本次股权受让，并以受托表决权等方式成为公司控股股东。

2021年5月12日晚间，东方园林发布公告称，北京东方园林环境股份有限公司通过中国证券登记结算有限责任公司深圳分公司查询获知，公司持股5%以上股东何巧女所持有的公司股票存在被轮候冻结的情况，本次冻结股数约为8 789万股，占其所持股份比例的10.36%。截至2021年5月11日，何巧女共持有公司约8.48亿股股份，占公司总股本比例为31.60%。而5月11日何巧女所持有公司股票累计被冻结的股份数约为8.48亿股，占其持有公司股份总数的100%，占公司总股本比例为31.60%。

从允诺巨额捐赠的"中国女首善"，到成为失信被执行人，何巧女并未能富过自己这一代。资本市场的风云人物跌下神坛，何巧女并不是个案。一度陷入经济窘困的前首富并不是极少数，而能从累累债务中翻盘的，可能只有史玉柱等极个别的传奇人物。

财富在资本市场最容易积累，同时资本市场的财富也是最容易"流失"的。财富的保全与财富的传承，并不是一件容易的事情。

但是资本市场并不仅是一个与商事相关的市场，资本市场与家庭事务也紧密相关。下面我们从法律视角阐述资本市场与家庭之间的关系。

第二节　融资中的《配偶确认函》

一、"土豆案"引发的《配偶确认函》

公司上市之前的创始人离婚案并不罕见，但是在中国资本市场最为著名的"家庭财产纠纷"，莫过于曾经的土豆网创始人王微与前妻杨蕾的离婚案了。

土豆网是全球最早上线的视频网站之一，其在2005年4月15日正式上线，由王微创办。土豆网提供的视频内容主要包括网友自行制作或分享的视频节目、来自内容提供商的视频节目以及土豆网自己投资制作的节目。

在获得资本市场的青睐之后，2010年11月初，土豆网正式向美国证监会提交IPO申请。但是悲剧就发生在IPO申请第二天，法院对土豆网创始人王微的前妻杨蕾提出的离婚后财产分割诉讼采取行动：冻结了王微名下三家公司的股权，其中包括上海全土豆网络科技有限公司95%的股份。2011年6月，双方终于达成和解协议，排除了土豆网上市的障碍。但是市场上有观点认为，土豆网可能已错过了上市的黄金时间。一方面是因为，在土豆网实际控制人王微离婚纠纷的空档期，土豆网的主要竞争对手优酷已于 2010 年 12 月先行上市，并成功募集资金 2.19 亿美元，而且优酷于 2011 年 5 月增发再融资 4 亿美元。另一方面因为受当时资本市场一系列财务丑闻及公司治理争议的影响，投资者对中国概念股的信心逐渐减退，不少海外上市的中国概念股纷纷破发。

土豆网王微的这一离婚纠纷还催生了一项"土豆条款"，即投资人在投资的时候要求他们所投公司的创始人签署《配偶同意函/配偶确认函》，以排除或者降低创始人婚变对公司产生的影响。

二、《配偶确认函》的内容分析

《配偶确认函》是常见的法律文件，通常由公司创始人或者核心股东的配偶来签署，目标是确认创始人或者核心股东能对公司事务单独决策，避免家庭纠纷影响公司的资本运作。《配偶确认函》通常在公司融资过程中出现。通过搜索引擎，可以搜索到诸多因公司上市而公布的《配偶确认函》[1]，现以猫眼公司披露的《配偶确认函》为例进行分析。

在该项目中，《配偶确认函》由 S 某签署，其配偶 K 某为某目标公司间接股东。为了简化，我们将 K 某对目标公司的持股

---

[1] 猫眼公司相关的配偶同意函：http://media-maoyan.todayir.com/20190201090941402381845_en.pdf；其他的还有：https://www.iflying.com/public/pdf/%E9%85%8D%E5%81%B6%E5%90%8C%E6%84%8F%E5%87%BD_%E9%99%86%E8%89%B3.pdf。

结构图展示如图1-1所示。

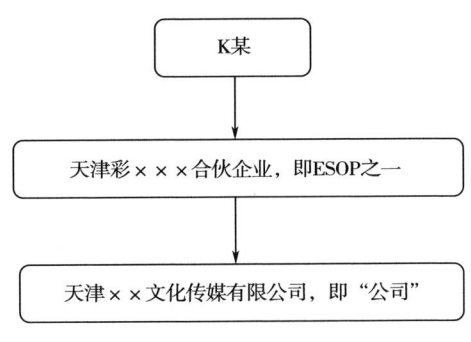

图1-1 持股结构图

无论是根据《配偶确认函》所公开的信息，还是经某App查询获得的工商登记信息，K某是目标公司的间接股东，并非直接股东。而中间层的若干合伙企业，则在《配偶确认函》中被简称为ESOP，K某直接持有ESOP的有限合伙份额。

下面将以具体案例逐一分析《配偶确认函》中的规定内容。

(一) 家事法视野下的《配偶确认函》

《配偶确认函》（亦称《配偶同意函》）是现代投融资法律业务中一个常见甚至在某些情况下不可或缺的法律文件。这份文件的主要目的从公司或者其他股东特别是机构投资人的角度看，是避免公司创始人因夫妻关系而影响公司经营管理；讲更直白一点，是投资人希望将自然人股东的配偶排除在公司管理之外。从公司的稳定性角度看，其具有一定的合理性。

从积极的角度看，《配偶确认函》以宣告的方式反复要求确认了其"无权"及诸多不作为义务。如果所有的意思自治都能获得支持，那确实是"周延"了的，确保配偶不会进入公司，不会影响公司的既有经营。

从公开资料能收集到的信息看，《配偶确认函》大都是从公司的角度去分析，这是一个重要的角度，但并非完整的角度。《配偶确认函》还需要从身份关系与财产关系两方面针对性地分析配偶的法律关系及股权问题。

一方面是身份关系。中国大陆推定适用夫妻婚后共同财产制，配偶的法律地位包括：①婚后财产的共有人；②丧失行为能力之时的监护人；③失踪之后的财产管理人；④死亡之后的继承人。其中在第①④两种情形，配偶是有可能因此身份而取得财产的；而在第②③两种情形，则有可能以监护人或者管理人之身份，管理甚至处分对方名下之财产。针对这四种法律地位，需要有的放矢地加以安排，具体而言：

关于婚后财产的共有人地位，可以通过夫妻协议明确约定特定财产（即特定公司股权）不属于夫妻共同财产，同时向夫妻之另一方予以补偿。例如：A 与 B 是夫妻，约定婚后 A 参与创业的公司股权属于 A 的个人财产，同时约定在发生某些情况下 A 给予 B 特定金额的补偿。这样的方式，在经济上实现公平，但是股权角度则是单独所有的。关于丧失行为能力或者失踪之时，配偶的监护人/管理人地位问题，这个也是可以依据《民法典》的规定，指定特定的人员（例如公司的联合创始人）就股权部分成为监护人予以管理。需要平衡好经济利益归家属而管理权限归于公司。比较复杂的是死亡之后的继承人问题，因为经济利益必然是要归属于家属的。国外比较流行的是股东互保模式，即购买保险，万一股东在公司上市之前去世，则将保险赔款交付家属，用于购买家属原本可继承的股权。也就是让家属拿到钱，而其他股东获得股权，避免家属介入公司。在中国大陆现阶段此类保险似乎并未成熟，因此其他股东能否买下去世者的股权，存在不确定性。

另一方面是财产关系。从夫妻共同财产的角度分析财产类型，包括三种类型：第一种是该项财产属于代持财产，不属于夫妻任何一方或者共同财产；第二种是该项财产属于持股方的个人财产，因此配偶无直接利益；第三种是该项财产属于夫妻共同财产，但是非持股方对其进行了不可撤销的授权，授权持股方单独行使所有的权利。

第一种、第二种类型财产的法律效力相对清晰，但是从配偶配合签署的可能性来看可能存在现实的困难。在第三种财产类型中，则会产生"不可撤销的单方授权"在中国法律范畴内是否成立的疑虑。

（二）以猫眼项目《配偶确认函》为例

配偶确认函

本人S某，系K某之合法配偶。本人在此无条件且不可撤销地同意：本人配偶通过天津彩盈企业管理咨询合伙企业（有限合伙）、天津彩创企业管理咨询合伙企业（有限合伙）等企业（以下合称"ESOP实体"）所持有的公司的股权，将按照①ESOP实体于2018年8月9日与天津猫眼微影科技有限公司、北京光线传媒股份有限公司等公司签署的《修订和重述的独家转股期权协议》、《修订和重述的股权质押协议》和《修订和重述的股东表决权委托协议》②天津猫眼微影科技有限公司于2018年8月9日与公司签署的《修订和重述的独家咨询与服务协议》，及③其他一系列相关协议及前述所有协议的任何形式的附件和不时修订以及其不时签署的补充协议（以下统称"VIE协议"）项下之约定和安排进行相应处置。

本人在此确认并同意：

（1）VIE协议中所述由K某通过ESOP实体持有的公司股权及其所附带的所有权益（下称"公司股权"）在任何情况下由ESOP实体按照VIE协议的约定进行抵押、出售或以其他方式处理，无需经过本人同意。在任何情况下，K某通过ESOP实体持有的公司股权不属于本人与K某之夫妻共同财产。

（2）K某可以通过ESOP实体就其持有的公司股权签订VIE协议的任何修改和变更文件，无需本人的签字、确认、同意或肯定。

（3）无论发生何种情况，不论直接还是间接，不论主动还是被动，本人均不会就K某通过ESOP实体持有的公司股权提出与VIE协议内容不符的要求，亦不会采取任何与VIE协议内容不符的行动。

（4）如果因任何原因导致K某通过ESOP实体持有的公司全部或部分股权归属于本人（"本人股权"），则本人股权应当按照VIE协议的约定和要求被质押、出售或以公司指定的方式处理，并且本人应遵守ESOP实体作为公司股东在VIE协议项下的义务。本人承诺将签署一切必要的文件，并采取一切必要的行动，以确保VIE协议得到适当履行。

（5）本人承诺，本人从未且未来也并不打算实际参与公司的经营管理或其他表决事项。

（6）本人在此无条件且不可撤销地放弃依照适用法律可能授予本人的股权以及与该等股权有关的任何股东权益。

特此确认。

原文

（1）VIE（Vaviable Interest Entity 可变利益实体也称协议控制）协议中所述由K某通过ESOP实体持有的公司股权及其所附带的所有权益（下称"公司股权"）在任何情况下由ESOP实体按照VIE协议的约定进行抵押、出售或以其他方式处理，无需经过本人同意。在任何情况下，K某通过ESOP实体持有的公司股权不属于本人与K某之夫妻共同财产。

分析

从上下文及对VIE结构、ESOP的功能来看，此段表述用比较含蓄的方式明确了持有的股权不属于其夫妻共同财产，言外之意是不享有共有人的一切权利。此条款还存在其他方面的问题。第一，此《配偶确认函》中涉及的都是公司股权或者合伙份额，按照现行的《中华人民共和国民法典》（以下简称《民法典》），其并不是抵押之标的，因此此条款中的"抵押"实为"质押"之误。第二，此条款的最后一句，即公司股权是夫妻中K某间接持股，无论根据《中华人民共和国公司法》（以下简称《公司法》）还是《民法典》的规定，都不可能成为法律上的夫妻共同财产。即使不签署此《配偶确认函》，S某也不可能直接要求分割该项股权。因此，最后一句声明的法律意义并不大。

原文

（2）K某可以通过ESOP实体就其持有的公司股权签订VIE协议的任何修改和变更文件，无需本人的签字、确认、同意或肯定。

分析

此条款从文字上看基本没问题。但是从逻辑上看，此条款甚至从全文来看，起草者似乎在回避一个问题：在 ESOP 中持有的份额，到底属于 K 某的个人财产，还是属于替他人代持的财产？

原文

（3）无论发生何种情况，不论直接还是间接，不论主动还是被动，本人均不会就 K 某通过 ESOP 实体持有的公司股权提出与 VIE 协议内容不符的要求，亦不会采取任何与 VIE 协议内容不符的行动。

分析

此条款通过"直接或者间接""主动还是被动"这样的表述，用于说明各种可能的情况。从技术上看，此条款属于单方承诺了不作为的义务；从目的上看，是为了保障 VIE 协议获得履行。

原文

（4）如果因任何原因导致 K 某通过 ESOP 实体持有的公司全部或部分股权归属于本人（"本人股权"），则本人股权应当按照 VIE 协议的约定和要求被质押、出售或以公司指定的方式处理，并且本人应遵守 ESOP 实体作为公司股东在 VIE 协议项下的义务。本人承诺将签署一切必要的文件，并采取一切必要的行动，以确保 VIE 协议得到适当履行。

分析

从理论上看，只有在离婚与继承两种情形下签署该确认函的 S 某才有可能获得公司股权。起草者可能预设到一种情形，即在离婚诉讼中，K 某持有的有限合伙份额可能并不一定因本《配偶确认函》而获得分割之豁免。从这个角度看，起草者的这种"备位"性质安排是值得肯定的，即使因为离婚分割而取得了股权，股权持有者也得遵从 VIE 协议。另外一种情形则是因（法定）继承而取得原本在 K 某名下的财产。本质上此条款规定了 S 某对 K 某此前签署的 VIE 协议项下义务的继受。

从现行立法与司法的角度看，这种对未来继受之承诺到底是一种无名合同，抑或是一种预约，都存在一定的不确定性。当然，这并不是起草者能够解决的问题。

原文

（5）本人承诺，本人从未且未来也并不打算实际参与公司的经营管理或其他表决事项。

分析

此条款是一个"不作为"义务的承诺,但是从表述来看,用了一个偏柔性的词"打算"。值得商榷的是,如果承诺人并不是有权表决人,自然不存在表决的问题;但如果承诺人有了类似股东这样的表决身份,那么事先放弃股东的表决权是否有效,本人是存在否定态度的。

原文

(6)本人在此无条件且不可撤销地放弃依照适用法律可能授予本人的股权以及与该等股权有关的任何股东权益。

分析

此条款是否是上一条款的补充或者进一步说明,也可以视为"概括性兜底"性质的一项"弃权"。但是进一步来看,似乎主要是针对离婚分割与继承取得两种情形。如果说在离婚分割中,K某极大概率是可以通过本确认函对抗S某所有的财产分割请求;但是在继承中,除非K某事先订立有效遗嘱,否则仅凭本项约定确认S某放弃股东权益继承,效力是存在极大疑问的。虽然现行立法并未如其他大陆法系立法中有明确规定"继承开始之前的放弃无效",但无论是法理上还是司法实务中,事先放弃被司法判决否定的案例,比比皆是。

由以上案例看出订立《配偶确认函》的初衷并不是"帮助"一方（持股）配偶去"制约"另一方配偶，而是为了保障公司其他股东及公司的利益。但是，一份过于强势的《配偶确认函》往往会增加让非持股方配偶签字的难度。因此，从其他股东及公司的角度，一个简化版本的《配偶确认函》增加了签署的可能性，同时也放大了《配偶确认函》效力的不确定性。真正能解决问题的可能是两套文件模式，简单而言，就是以持股配偶对非持股配偶的利益补偿换取非持股配偶签署一份完整的股权弃权及不作为义务的确认。

第三节　创始人可能承担的债务及其性质

一、创始人债务的形成

在积极宽松的创业环境下，创始人/创业公司可以较为便利地通过借贷或股权融资等形式为公司发展寻求资金支持。不过，风险与机会并存。无论是出于绑定创始人对创业公司 all-in 的目的，还是出于降低资金风险的目的，债权人/投资人通常都会要求创始人承担一些个人层面的责任，以下是创始人在创业中可能会面临的五种主要的责任。

(一) 创始人借款或在公司借款中承担连带保证责任

在创业公司创立和发展的过程中,对外借贷或者使用可转换为股权的借款(可转债)是常见的资金安排。通常借款主体是创业公司本身,但债权人/投资人往往会要求创始人对于还款承担连带保证责任,还有可能要求创始人将公司股份质押作为借款放款的前提。此外也有创始人作为借款方(例如在目标公司尚未成立的情况下,投资人已经向创始人团队提供资金供业务发展)或者创始人与公司作为共同借款方的情形,此时创始人即为债务人。无论是创始人自身作为借款人还是对于公司借款承担连带责任,在借款到期/提前到期、且投资人未将可转债转换为公司股份的情况下(仅针对可转债),创始人对于借款及利息的偿还均负有个人责任。应当注意的是,借款协议或可转债协议中通常会约定一些加速借款到期的情形,例如:创始人和/或公司违反陈述与保证、出现重大违约情形等。

(二) 对赌中的创始人责任

公司创始人必然是公司的核心与灵魂人物。公司创始人往往也是家庭财务的重要贡献者。如果创始人发生对赌失败,意味着公司发展并未如预期顺利,更意味着进一步可能危及家庭资产。很多创业者对此问题没有清楚的认识,从而引发家庭财务危机。下面将解读对赌条款对创始人及其家庭的影响。

创业公司融资中的对赌常见安排主要为股权回购及估值调整。典型的股权回购约定是在完成投资达到一定年限后，投资人有权要求被投公司和/或创始人将自己的股份买回去。行使回购权的触发事件最常见的是在约定时间内未发生合格上市或整体出售交易，有时还包括一些实质性阻碍投资目的实现的事件，如重大违约、创始股东对公司丧失控制权、主营业务发生变化、其他优先股股东要求回购等。回购是投资人为了增加流动性、规避风险采取的主要方式之一。

估值调整也是对赌的一种，常见的业绩对赌条款为投资人与公司和/或创始人约定，如果公司未能达到事先约定的业绩指标（如一定的净利润），则公司和/或创始人需要对投资人进行股权或现金的补偿。这样约定的出发点是投资人在投资之初对公司的估值是以公司能完成特定业绩指标为前提的；如果公司未能完成业绩指标，公司估值应该下调，投资人则以现金补偿或者股权补偿的方式实现在估值下调情况下其对应的投资成本或股权比例的调整。

在创始人承担回购或补偿责任，或者公司承担回购或补偿责任并由创始人就此承担连带责任的情况下，创始人都会承担个人责任。关于对赌对创始人家庭带来的影响，最著名的案件就是小马奔腾创始人李明去世之后的纠纷争议案[①]了。

---

① （2018）京民终18号。

北京小马奔腾文化传媒股份有限公司（以下简称"小马奔腾"）成立于2007年。2011年3月，当时炙手可热的小马奔腾为冲击IPO，进行了新一轮融资，估值高达30亿元，投资机构蜂拥而至。最终建银文化产业股权投资基金（天津）有限公司（以下简称"建银文化"）"抢"得投资机会，领投4.5亿元，这是当年中国影视行业最大的一笔融资。

一审认定事实：金燕与李明于1993年11月19日结婚。新雷明顿公司设立于2007年8月6日，设立之时登记的法定代表人为金燕，股东为金燕及李萍。2007年9月15日，工商登记显示，金燕不再担任该公司的法定代表人，也不再具有股东身份。2011年3月30日，该公司法定代表人由李萍变更为李明。2011年3月22日，李萍、李莉、李明作为甲方，新雷明顿公司作为乙方，建银文化基金作为丙方（投资方），签订了《投资补充协议》。《投资补充协议》7.1条约定："甲方和新雷明顿公司同意，若新雷明顿公司未能在2013年12月31日之前实现合格上市，则投资方均有权在2013年12月31日后的任何时间，在符合当时法律要求的情况下，要求新雷明顿公司一次性收购其所持有的公司股权。"协议8.1条规定，公司实际控制人为甲方之一李明为甲方和新雷明顿公司履行本协议以及本协议约定的股权强制收购、投资补偿、投资价差等义务承担连带责任保证。经过2011年6月23日及10月27日的两次股权变更登记，李明成为新雷明顿公司持股比例3%的股东。2011年12月2日，新雷明顿公司变更名称为小马奔腾，企业类型由有限责任公司（自然人投资或控股）变更为其他股份有限公司（非上市）。2014年1月27日，小马奔腾的法定代表人由李明变更为金燕。2014年11月3日，该公司法定代表人由金燕变更为李莉。李明于2014年1月2日去世。2014年10月31日，建银文化基金以李萍、李莉、金燕等为被申请人向贸易仲裁委员会提出履行股权回购义务等请求。2016年2月23日，贸易仲裁委员会作出0164号裁决书，认定股权回购条件成立，李萍、李莉、李明应当依约履行该项义务。金燕、李自在、李祥云、邓主辉应当在各自继承李明遗产的范围内对股权回购义务承担清偿责任。但金燕是否因与李明具有夫妻关系而应承担股权回购义务，不属于该仲裁案件管辖的范围。后建银文化基金起诉至法院，请求金燕承担股权回购义务。

二审补充事实：李明曾全资设立某BVI公司，该BVI公司与霸菱投资基金共同设立小马奔腾集团公司，分别持股76.81%和23.19%。小马奔腾公司及其附属公司与小马奔腾集团公司间接控制的湖南优化软件开发有限公司之间签署了一系列控制协议。2011年6月21日，建银文化基金员工贺磊发给其律师的《股份出售及购买协议》及七个附件，其中小马奔腾集团公司的《公司董事依照公司章程通过的书面决议》显示，其公司董事是：李明、曾光宇、李立功、金燕，文件均为打印本，本人未签字。2011年6月22日，建银文化基金员工贺磊将该文件发送给小马奔腾公司付毅，同日，小马奔腾公司的付毅回复的《股份出售及购买协议》及七个附件的签署版本复印件显示，在小马奔腾集团公司的《公司董事依照公司章程通过的书面决议》中，其公司董事是：李明、曾光宇、李立功、金燕，均为已签字的复印件，显示有金燕签字。2017年3月14日一审庭审过程中，金燕以签字为复印件否认其真实性，并称"不记得签署过，所以认为没签过。"2014年1月7日，在小马奔腾的付毅向建银文化基金发送的邮件中，小马奔腾2014年第一次临时股东大会决议显示：金燕成为公司董事。该临时股东大会决议所附金燕简历显示："1995年开始，作为雷明顿和小马奔腾公司创始人之一，早期参与公司的创建和经营，后作为李明董事长的智囊，为决策献计献策。"2014年1月24日，小马奔腾的官方微博显示，董事长金燕简历包含"1994年开始，作为雷明顿和小马奔腾公司创始人之一，参与公司的创建和经营"。

二审判决中法院主要观点：

1. 金燕是新雷明顿公司（小马奔腾）设立时登记的法定代表人和股东，后经过数次变更，法定代表人变更为李明。李明作为实际控制人承担股权回购责任。

2. 新雷明顿公司（小马奔腾）及其附属公司与小马奔腾集团公司间接控制的湖南优化公司之间签署了一系列控制协议，金燕作为小马奔腾集团公司、湖南优化公司的董事，签署了相关决议，参与了公司经营；因其签署过相关公司的解除VIE架构的各种决议，应当知悉李明与建银文化基金关于股份回购的协议安排。

3. 李明去世后，金燕的一系列行动证实李明、金燕夫妻共同经营公司。

（1）2014年1月27日，小马奔腾的法定代表人变更为金燕，小马奔腾2014年第一次临时股东大会决议所附金燕简历显示："1995年开始，金燕作为雷明顿和小马奔腾公司创始人之一，早期参与公司的创建和经营，后作为李明董事长的智囊，为决策献计献策。"小马奔腾的官方微博亦如此介绍其董事长金燕。金燕现仍然为小马奔腾的董事。

（2）针对李明名下小马奔腾等公司股份，金燕提起了股东资格确认诉讼。金燕认为李明在上述公司的股权系金燕与李明婚姻关系存续期间共同所有的财产，要求将该股份中的一半分出归自己所有，并要求法院确认其为李明名下持有的公司股份的股东，法院已支持其请求。金燕作为配偶一方，实际享有了建银文化基金投资小马奔腾所带来的股权溢价收益，李明因经营公司所承诺的回购责任亦属夫妻共同债务，符合权利义务一致原则。

（3）金燕现在经营的公司仍然享用建银文化基金投资小马奔腾所产生的溢出效应。

从投资人的角度看，如此高溢价地投资于一个公司是为了对背后的出资人负责，要求融资股东提供回购义务等，具有天然的合理性，也便于防范不实信息等道德风险。但此项义务无限及于融资股东夫妻而没有边界，从长远来看，可能并不利于这个市场。因此，设定有限责任规则，可能更为中性。所谓的有限责任，是指融资者夫妻的回购义务，是以放弃该公司的股权为最底限，即最差的情况下就是离开公司，将公司股权无偿给予投资人；同时约定如果融资者有显著的过错，例如通过关联交易损害公司利益等，才承担无限的回购义务。当然，这是个立法理论与立场问题。

从婚姻的角度看，夫妻一方要创业，另一方自然应当支持，但是应该考虑为创业设定一个家庭风险的边界。为了让家庭不至于陷入财务危机，企业家创业签署文件时应设定一些隔离风险的措辞，这都是需要考虑的。在高杠杆的创业中，创业失败的代价并不仅仅是失业。

(三) 差额补足义务与夫妻债务风险

优先清算权，是投资人为保障自己在公司破产、清算或者"视同清算事件"（如公司的控制权变更、整体出售等类似情形）

中，针对届时可分配的资金优先收回投资成本及一定收益的权利。如果公司清算后的可分配资金很少或者是在整体出售中的估值不佳，投资人无法相应收回其要求的投资成本及利息的，则会进一步要求创始人承担补足差额义务。此时，创始人对于补足差额义务承担个人责任。

（四）就违约赔偿承担的连带责任

在公司的融资交易文件中，投资人一般都会要求创始人和公司共同且连带地就特定情形导致的损失对投资人进行赔偿，例如：①创始人和/或公司违反了交易文件项下的特定义务，如违反不竞争义务、全职服务义务等；②创始人和/或公司作出了不实的陈述和保证；③创始人和/或公司未能履行交割后的承诺，如未能在特定时限内取得某些业务运营资质；④因交割前的特定事项产生的责任或损失，如税务不合规、社保公积金未足额缴纳导致公司遭受行政处罚等。

（五）创始人个人的其他债务

除了创始人就创业公司的借贷或融资产生的个人责任之外，创始人本身也可能承担其他的债务风险，例如个人的其他对外负债、此前失败的创业项目下产生的历史负债，以及因解除婚姻关系发生财产分割等原因形成的债务等。创始人个人的其他债务也有可能对正在运营中的创业公司产生负面影响。例如：

创始人遭遇婚姻危机，则创业公司的股权可能面临被分割的风险。一方面，在诉讼过程中股权可能会被司法查封且股权归属处于不确定的状态，这会影响公司的运营和公司进一步的融资；另一方面，一旦股权作为夫妻共同财产被分割，创始人在公司内的持股比例将直接被削减，有可能失去对公司的控制权，并进一步触发投资人回购权、优先清算权等权利的行使，公司的发展极有可能因此陷于不利境地。

下面从公开信息，摘录一个上市公司创始人的债务纠纷案例。

上市公司蓝色光标实际控制人赵文权的个人债务就颇具有"戏剧性"。公开的判决信息显示：2013年4月10日，蓝色光标公司与李芃一方签订《北京蓝色光标品牌管理顾问股份有限公司以现金及发行股份购买资产的协议书》（以下简称《购买资产协议书》），约定：蓝色光标公司拟收购李芃一方持有的博杰广告89%股权，若博杰广告2013年、2014年、2015年实际利润合计超过93 366万元（不含本数），则交易价格调整为现作价的1.25倍，即20.025亿元；如博杰广告在2013年、2014年、2015年、2016年的实际利润低于承诺利润时的对价调整及利润补偿的具体安排，由各方另行签署盈利预测补偿协议书约定。

2014年11月16日，赵文权向李芃一方出具《承诺函》，承诺："1. 如博杰广告实际经营业绩未能完成《购买资产协议书》5.2.1条约定的业绩承诺，导致李芃及其他转让方未能获得4亿元奖励，本人承诺将差额补足并支付给李芃及其他转让方，确保李芃及其他转让方获得第5.2.1条项下的所有利益，包括李芃及其他转让方根据《购买资产协议书》得到的所有股份及4亿元奖励。法律法规规定蓝色光标有代扣代缴义务的，蓝色光标予以代扣代缴。2.如果李芃及其他转让方因未能达到《购买资产协议书》约定的业绩承诺标准而导致李芃及其他转让方持有的蓝色光标股份被注销或者承担现金补偿义务，本人将对李芃及其他转让方的前述损失承担赔偿责任。所有承诺的补偿应当在2016年6月30日之前履行"。该《承诺函》已办理公证。

最终法院判决：①赵文权于2014年11月16日出具的《承诺函》有效；②赵文权于判决生效之日起10日内向李芃一方支付3亿元。这是一个典型的当事人因应公司的资本运作而签署了相关文件，最终被判决承担个人责任的案例。

蓝色光标是一家具有影响力的上市公司，赵文权也是一位知名企业家。我们无法用结果来评价一位企业家在资本运作中签署相关文件的对与错，但是从企业家的经营角度来看，此类风险是需要提前考虑并要通过特定的规划方式筑起防火墙，确保经营最差的情况只是债务波及个人，但是不会波及家庭。

二、创业债务的性质

(一) 个人债务 vs. 夫妻共同债务

在创业过程中,创始人个人面临的债务是否会波及家庭?这涉及个人债务与夫妻共同债务的区分。在中国内地的司法实践中,夫妻一方以个人名义所负债务认定为夫妻共同债务的条件一直存在争议,《中华人民共和国民法典》(以下简称《民法典》)第一千零六十四条[①]明确了"夫妻共同债务"的认定规则,对这一问题做出了较为清晰的立法回应。

首先,夫妻双方共同签字确认的债务应当属于夫妻共同债务。如果负债时由夫妻一方签字,但事后另一方以追认等共同意思表示认可该债务的,也应当属于夫妻共同债务。其次,如果夫妻一方在婚姻关系存续期间以个人名义发生为家庭日常生活需要所负的债务,则无论另一方是否签字或事后认可,都应当属于夫妻共同债务。最后,如果夫妻一方在婚姻关系存续期间以个人名义发生超出家庭日常生活需要所负的债务,应先推

[①] 第一千零六十四条:夫妻双方共同签名或者夫妻一方事后追认等共同意思表示所负的债务,以及夫妻一方在婚姻关系存续期间以个人名义为家庭日常生活需要所负的债务,属于夫妻共同债务。

夫妻一方在婚姻关系存续期间以个人名义超出家庭日常生活需要所负的债务,不属于夫妻共同债务;但是,债权人能够证明该债务用于夫妻共同生活、共同生产经营或者基于夫妻双方共同意思表示的除外。

定为不属于夫妻共同债务。只有在债权人有证据证明该债务被用于共同生活、共同生产经营或被夫妻双方确认的情况下，才能被认定为夫妻共同债务。

创始人在创业过程中要承担的债务大概率可以落入"夫妻一方在婚姻关系存续期间以个人名义超出家庭日常生活需要所负的债务"的范围，根据《民法典》的规定推定为不属于夫妻共同债务。但是，如果债权人可以证明债务用于共同生活、共同生产经营或被夫妻双方确认的情况下，有可能被认定为夫妻共同债务。在轰动一时的"小马奔腾案"关于夫妻共同债务认定的案件中，二审法院认为：①虽然创始人遗孀未签署相关对赌协议，但其对于案涉协议约定的股权回购义务是明知的；②配偶参与了公司的共同经营，例如，曾作为公司设立时的法定代表人和股东，且担任公司/附属公司的董事，并签署过公司接触 VIE 协议架构的各种决议等；③创始人名下股权已在另案中被认定为夫妻共同财产，创始人遗孀作为配偶实际享有了公司发展和融资产生的股权溢价收益，也应承担创始人为经营公司所承担的回购责任。因此，法院认定案涉债务属于夫妻共同经营公司所负债务，最终判决创始人遗孀对于创始人生前因签署对赌协议而形成的人民币 2 亿元的债务承担连带赔偿责任。

由此可见，即使创始人配偶未共同签署合同，但如果配偶在其创业公司任职，参与重大交易，对于重要文件进行了签署，创始人在公司融资交易文件项下发生的债务亦有可能构成夫妻共同债务。不过在创始人配偶未共同签署融资交易文件的情况下，债务先推定为个人债务，要证明债务用于共同生活、共同生产经营的举证义务在债权人一方，客观上有利于对配偶一方的保护。

（二）有限责任 vs. 无限连带责任

创始人承担的个人责任类型包括有限责任和无限责任。有限责任即在创始人承担的个人责任之上设置上限。典型的有限责任如在交易文件中约定创始人承担的业绩补偿义务、差额补足义务、违约赔偿责任等均以其持有的公司股份或股份价值为限，或者以投资人的投资成本（可能加上一定的利息）为限，防止创始人个人的其他资产被追索。

反之，无限责任即创始人承担的债务没有上限，在这种情况下，创始人在公司的股份如不足以偿还债务，其个人的其他财产乃至未来的收入也会被用以清偿债务的财产范围内。无限责任的安排一般会出现在创始人处于劣势地位的商业谈判中。此外，即使是约定了有限责任的情况下，在发生特定事件时，有限责任也会被突破，例如：融资交易文件常常会约定在违约责任中，如创始人存在故意、重大过失的，赔偿责任上限并不适用。

（三）有时间/条件限制的债务 vs. 无时间/条件限制的债务

如无特别约定，创始人在交易文件项下承担的个人责任通常不受限于任何时间或条件。相较而言，设置时间或条件限制的情形在交易文件中更为常见，例如：在交易文件中为创始人承担的回购义务设置期限，约定公司如在投资交割后若干年内没有上市，投资人可以要求回购，但回购权利的行使期限为回购触发事件发生后的三个月或六个月内，超过这个行使期限，投资人享有的回购权就失效。又例如：在交易文件中约定，创始人对投资人承担的回购义务、优先清算补足义务等在公司上市之前或上市之时全部终止等。

第四节　企业家的小概率事件及其法律应对

2020年6月14日，网上传出消息称美的集团创始人何享健在顺德别墅被"劫持"，警方后续在警情通报中披露"事主何某某安全"，同时警方的通报中也透露了从报警到警报解决一共经历了十多小时。

树大招风。知名企业家被绑架或劫持的事情其实并不罕见。新东方创始人俞敏洪曾披露自己在家门口被打麻药劫走；我国前首富宗庆后也被人砍伤过。电影《解救吾先生》中的绑架案，也是以真实事件为原型的。除了生活中加强安保、关注出行隐私等方面，企业家也需要从法律角度提前安排应急规划，降低这类事件可能带来的消极后果。

无论是被劫持抑或被绑架，都是极端事件，也是小概率事件。常见的小概率事件包括：失踪、失联、被绑架。小概率事件的特点是：第一，当事人没有失去行为能力，但实际上已经失去了其在企业实际经营中的管理能力；第二，事发突然，当事人往往无法做临时的交代、安排。

小概率事件发生的概率极小，但毕竟有可能发生；再严密的安保措施也无法预测及应对类似2014年发生的马航370失踪等小概率事件。但是无论是作为企业精神领袖，还是作为银行等金融机构授信的借款人、担保人，抑或是企业管理中的授权签字人，企业都无法长时间离开企业家或创始人。如果企业家不幸遭遇小概率事件，那么现行的法律制度是否支持企业家未雨绸缪地做一些规划安排？答案是肯定的！从法律角度，需要分别安排或处理至少两个问题：第一，当企业家无法亲自管理公司的时候，如何授权他人的问题；第二，万一发生最极端的撕票情况，如何提前安排传承问题。这两个问题一方面很私人化，看起来似乎是家事；另一方面却是与公司利益、其他股东利益密切相关的。

对于第一个问题，看似简单，其实并不简单。在企业盛行OA系统的今天，企业家在出差过程中远程的审批等都不再是问题了，所以对于企业家或创始人本人也很少设立签字权的AB角。这将导致发生小概率事件或者有突发情况之时，公司会陷入一定的僵局。从风险防范的角度来看，应当提前准备一个明确、清晰的授权委托书，并配合好启用通知与撤回通知机制。

但是企业创始人选择谁作为被授权人？通常创始人的选项一是配偶等家人亲属，选项二则是公司内部其他人士。毋庸讳言，这是个艰难的选择——因为所涉及的问题并不仅仅是信任问题。例如：根据《公司法》的相关规定，董事的投票权只能委托其他董事，因此，如果委托给未担任董事的配偶就是一项对公司不发生效力的委托。但是在股东会层面，代表股东投票并没有任何预设的身份性的规定，除非公司章程有相反的规定。因此，就公司的管理与控制而言，选择配偶抑或选择其他董事，是一个需要综合考虑各因素的问题：信任、能力只是其中之一。

选择不仅是一个情感与理智问题，也是一个法律技术问题，并且是一个高度技术化的问题。回归到企业的管理与控制权问题，则需要根据企业的具体情况，为预防小概率事件导致企业无法正常运营，应该分别定制一份股东会层面的授权委托书与董事会层面的授权委托书，并设计好相关的通知启用、通知撤回、权限限制等规则。如果创始人同时担任企业法定代表人的，则还需要有一个变更法定代表人的机制或者授权机制，保障企业在创始人缺位的情况下能顺利运营。

另外一个常常被问及但又没有标准答案的问题是：是否需要在公司章程中明确约定董事会不得在创始人（或者某特定人士）缺席的情况下召开？这本质上是一把双刃剑：从保护创始

人的角度看,这是避免其对公司的决策权被其他股东"悄悄"拿走;但是从保护公司利益角度看,如因创始人长期缺席而无法召开董事会,肯定不是优选。这个问题只能结合个案详情进行规划设计。

第二个问题,就是企业家或创始人不幸意外去世的问题。普通人不幸去世其财产安排主要适用的法律是《中华人民共和国继承法》(以下简称《继承法》)。但是对于企业家或创始人来说,则涉及更多的问题,常见的包括:①创业中形成的债务(民间借贷、个人经营贷、对公司的担保、对赌回购等)以什么资产尽快偿还?②企业的控制权是否能保留在家庭内部,抑或让渡给其他股东或者投资人更合适?③未成年继承人能否实质性地得到可流通的资产,维持其既有的生活水平?不常见但容易引起较大争议的问题则包括:①非婚生子女继承人身份的确认;②如果存在为他人代持的股权或者卖了老股但未进行变更登记的股权,如何保障这些人的利益。

企业的继承是一个大问题,限于本书主题及篇幅,无法充分展开来论述,此处讨论仅限于企业家或创始人对控制权的安排。对于企业家或创始人而言,如果要考虑发生意外,企业应该如何正常运营?通常建议其综合考虑如下因素:①从企业发展的角度,将企业决策权交给家人、共同创业的伙伴还是机构投资人?②家人是否有能力经营企业?把所有股权交给其中一位家人以保障其控制权,是否可能对其他家人保障不足?③如果企业没有持续的分红，家人特别是未成年人家庭成员是否有足够的保障以满足其未来的生活、就学开支？

企业家被劫持、被绑架不常发生，但是意料之外的黑天鹅可能是常有的。因此，提前做一些"以防万一"的安排，无论是对企业还是对家庭，都有意义。

对于企业家或创始人来说，首先应当考虑企业的持续经营的问题，只有企业持续正常经营，才能避免满盘皆输的局面。因此，应事先安排好非常时期的股东会、董事会投票事项，且事先安排好财务事项的批准权限；其次，要平衡好利益主体，特别是要考虑共同创业的合伙人（co-founders）、溢价进入的投资人及家人。一个充分平衡的方案，才有可能被各方顺利执行。过于偏向或者过于理想化的方案，往往可能陷入僵局，最终损害的是所有相关主体的利益；第三，要考虑家庭中弱势群特别是未成年子女、年长父母的利益保障，对他们来说，有充分流动性的资产或许比持有企业股权更有意义。

针对上述问题，企业家或创始人需要在专业人士的协助下，制定在非常时期的应对措施，针对不同的事项安排签署不同的授权委托书，并根据企业及家人的情况，具体分配委托授权事项及各自的权限。在不忌讳考虑极端的情况下更需要规划好企业的稳定经营与家人的充分保障。

第二章 家庭与婚姻法律关系概述

第一节 类婚姻法律关系

一、婚前法律关系

婚姻不是一蹴而就的,婚姻之前,一对情侣往往会经历恋爱同居,以及相互之间的财产往来等。在此期间,情侣之间既不属于陌生人关系,也不是法律所认定的夫妻关系。而且此期间很可能持续若干年,如果情侣最终结婚,基本转换成夫妻之间的财产关系;如果他们未结婚,则可能产生争议事项。下面具体分析婚前情侣之间的法律关系。

（一）恋爱同居的准身份性

情侣的恋爱与同居究竟是一个事实关系，抑或是特定的法律关系，在中国法上并没有清晰的答案。一方面，我国早已不承认事实婚姻，因此，即使是稳定且长期的同居关系，也无法形成配偶这样的强身份关系。但同居关系真的是单纯的陌生人关系，而未形成任何身份关系吗？

事实上，从最高人民法院在《民事案件案由规定》（法〔2020〕347号）中将"同居关系纠纷"放在了"婚姻家庭纠纷"这一大类中，可以窥一斑而知全豹，而司法审判实践似乎走得更远。

例如，在朱某、周某等与刘某生命权、健康权、身体权纠纷[①]一案的判决中，法院认为：

> "本案中，朱某死亡的直接原因是其烧炭自杀导致一氧化碳中毒身亡，其作为完全民事行为能力的成年人，理应正确处理自己的感情问题，采用自杀这种不珍惜生命的行为是错误的、不理智的，其对于损害结果的发生应承担主要责任。但纵观事情发展的整个过程，被告刘某也存在过错。虽然恋人之间的言语和态度本身不会直接导致死亡结果，但是这些行为可能对另一方造成心理伤害，成为损害结果发生的原因和条件。并且，在被告得知朱某意图自杀

---

① 广东省深圳市罗湖区人民法院（2018）粤0303民初22721号民事判决书。

时，被告始终没有报警或通知他人，致使朱某没有得到应有的救助，最终导致朱某死亡的后果。基于上述分析，两原告作为朱某的父母，有权请求被告刘某承担相应的民事责任。综合本案案情，本院根据被告在本案的过错程度及原因力大小判定其承担民事责任的比例，酌定被告承担30%的责任。"

此案中，法院认为被告的不作为"最终导致朱某死亡的后果"，并因此酌定被告承担30%的责任。这个案件表面上是一个侵权责任问题，但本质上是一个亲属法问题。"不作为"要承担责任，意味着有"作为的义务"。而此项作为的义务，抑或来自先行为，抑或来自身份关系。而在该案中，解释为源于身份关系可能更准确。各地案件类似的判决也相当多，体现了司法审判对这种准身份关系的认可。

从理论上分析，恋爱同居关系是一种介乎陌生人与配偶关系的中间状态，并且更接近于配偶关系。因此，通过司法审判实践来认定"准身份关系"，并课以相当的责任义务，是值得肯定的。

(二) 彩礼与婚前赠与

彩礼一般是指依据当地习俗，一方及其家庭给付另一方及其家庭的与缔结婚姻密切相关的大额财物。不具备上述特点的婚前财产赠与不构成彩礼。彩礼习俗源于传统文化中的"纳征"，该传统一直在民间有所保留，是一种具有地方性特征的习俗。

2001年《中华人民共和国婚姻法》（以下简称《婚姻法》）修订时，并未将彩礼习俗纳入调整的范围。从立法的诸多考虑分析，如此处理是希望逐渐淡化彩礼风俗，减轻男方家庭负担。但遗憾的是民间因彩礼返还与否而产生的纠纷依然很多，因此不得不在司法解释中予以进一步的规定。

从本质上看，彩礼属于赠与之一种，但远比普通的赠与要复杂得多。《民法典》"合同编"中对赠与和赠与之撤销有着清晰的裁判规则，但是对彩礼习俗并不能特别的适用。过去的司法解释对何等情况下返还彩礼有过规定，但似乎仍未解决彩礼的问题。彩礼习俗是一种难以用公权力去直接干涉而消灭的民间习俗，并且在中华大地呈现出极强的"地方性"。这也给全国性立法带来了困难。最新的《民法典》修订也未进行严格意义上的民间习俗调查。在这样的背景下，《民法典》不对彩礼及彩礼返还制度进行规范，是正确的选择。依据《民法典》"总则编"第十条之规定："处理民事纠纷，应当依照法律；法律没有规定的，可以适用习惯，但是不得违背公序良俗。"未来主要以地方性习俗作为法律依据进行裁判，更能针对性地解决纠纷。

纵观过去数年的司法实践与理论争议，关于彩礼的纠纷主要在于立法与司法解释未能理清两个重要问题。

第一个问题是如何区别彩礼与其他的婚前赠与？由于自由恋爱的盛行，现代婚姻的仪式感已经越来越弱了，在诸多的争议案件中，恋爱中交往双方有多次、持续的金钱及财务赠与行为，这种情况下是否被认定为彩礼，缺乏严格统一的规则，更多是法官依据个案的自由裁量。部分法院判决将"金额较大"作为区别的标准，例如，"王某与陈某恋爱期间，王某先后出资给陈某购买了房产、汽车等贵重财物，且数额巨大，实际上就是风俗习惯所称的彩礼。陈某主张上述财物是双方恋爱同居期间王某赠与的，与常理不符，该院不予采纳。"[1] 也有部分法院依据自由裁量权予以直接认定，未明确说明区别之标准。例如，"关于争议的'三金'（金手镯、金项链、金戒指各一个），马某某陈述虽然并非完全自愿向张某赠与，但按照风俗习惯，赠与的成分较多，一审按赠与认定，并无不当。[2]"

第二个问题是在何等情况下应当返还？司法解释曾经做过相对原则性的规定，但显然过于简陋，完全忽略了彩礼返还情形的复杂性。与部分地方性规定相比，内容就更丰富一些。例如，江苏省曾规定"双方已办理结婚登记手续，但共同生活时间较短，离婚时当事人主张返还彩礼的，可以根据离婚的过错、双方共同生活的时间、彩礼的数额、有无生育子女、财产使用情况、双方经济状况等酌定是否返还以及返还的数额。"江苏省的规定将酌情考量的因素进行了分项列举，并且将"过错"作为酌情因素之一，是值得肯定的。

---

[1] 玉林市中级人民法院（2016）桂09民终1636号民事判决书。
[2] 甘肃省庆阳市中级人民法院（2016）甘10民终388号民事判决书。

虽然随着社会的发展以及地方政府的各项引导，彩礼习俗必然会日渐式微，但是其在一定阶段、一定范围内会继续存在，因彩礼返还发生的纠纷也依然会存在。考虑到《民法典》并未对此进行规定，只能由最高人民法院出具一个比此前的司法解释更完善的规定。

二、同居关系

（一）同居形成的共同财产

现实生活中，基于各样的原因越来越多的情侣选择非婚同居的关系，而该种关系在法律上并没有形成明确的制度予以规制和保护。这使得同居关系处于法律的模糊地带，尤其是在财产关系上，同居财产的性质认定一直成为同居者间争议的焦点，也是许多法院在裁判时考量的核心点。

一般认为，共同财产是基于当事人意思自治或法律规定的结果。但在非婚同居情况下，同居者间的财产性质并不如夫妻间财产制度那样明确。非婚同居者可能有生活上的"夫妻之实"，却难有法律上的"夫妻之名"。这也使得非婚同居关系的财产关系认定不能依据《民法典》"婚姻家庭编"规定的夫妻财产制度而确定。再加上在现实生活中，同居类型包括以夫妻名义同居、有配偶与他人同居等多种情形，因其种类繁多、情况复杂，司法实践中法院的裁判也呈现多元化的特点。

早在1989年，最高人民法院颁布了《关于人民法院审理未办结婚登记而以夫妻名义同居生活案件的若干意见》这一规范性文件，虽然当时的具体情况与如今的现实条件已经发生了极大的变化，但是所确定的很多原则在现今司法实践中依然适用。

对于非婚同居期间的财产共同所得的收入和购置的财产，法院判断的依据主要有以下几点：

第一，同居者之间是否存在财产混同事实。不少法院在认定存在财产混同的事实，直接推定或认定同居期间的财产为共同所得和购置的财产乃至直接确定为共同财产。在"江某与刘某同居关系"析产纠纷一审案[1]中，合肥市瑶海区人民法院认为："根据相关法律规定男女双方未办理结婚登记而以夫妻名义同居生活的，同居关系解除后要求分割同居期间购置的财产，有约定从约定；无约定且上述同居期间财产混同的，推定为共同共有。现本案案涉的昊天园36幢506室房屋虽是以刘某个人的名义购买，且亦是登记在刘某个人名下。但根据本院查明的事实，购买该房屋时刘某与江某系同居关系，且已同居多年，故应认定为刘某与江某的共同财产，同时因双方对涉案房屋的份额未作约定，故应依法推定双方的财产在此期间属于共同共有，应按一般共有财产处理。"

---

[1] 安徽省合肥市瑶海区人民法院（2020）皖0102民初1920号民事判决书。

在曾某与周某共有纠纷二审案①中，成都市中级人民法院认为：

"虽然上述两套房屋是以曾某一方名义签订房屋买卖合同，且房屋所有权登记在曾某一人名下，但考虑到上述涉案房屋的购置及装修情况，结合曾某、周某长期保持以夫妻名义同居生活的事实，能够认定曾某、周某在同居期间的财产处于混同状态，故应认定案涉两套房屋系曾某、周某共同出资购买。"

从上述案例中可以发现，同居财产混同是判断是否共同购置的关键因素，乃至因财产混同的状态直接推定或认定为共同财产。即使是购置的不动产且登记在一方名下的情形，该不动产也有可能因财产混同而被认定为共同财产。

第二，双方是否存在共同经营或共同劳动。大多数法院在认识共同所得收入的问题上与夫妻婚后所得共同制相区分，认为共同所得收入的基础为同居者间的共同经营、共同管理、共担风险的收入。例如，在某某辉与杨某同居关系纠纷二审②案中，娄底市中级人民法院认为："本案某某辉没有提交充足的证据证实登记在杨某名下的财产，某某辉实际出资情况和偿还按揭款的情况，但某某辉提交了一些证据证明同居期间与杨某有共同经营行为，故一审结合杨某与某某辉同居的时间及共同经

---

① 成都市中级人民法院（2015）成民终字第1872号民事判决书。
② 湖南省娄底市中级人民法院（2017）湘13民终2023号民事判决书。

营的实际情况，认定杨某与某某辉同居期间购置的房产，登记在杨某名下的归杨某所有，酌情由杨某补某某辉18万元，其处理并无不当。"

第三，考察购置财产时双方是否都有出资。多数法院认为，在确定是否为双方共同购置的财产时，需要从出资路径与登记两个角度来判断。部分法院认为双方共同出资情况下，购得财产即使登记于一方名下，也应认定为共同财产。例如，在赖某与黄某同居关系析产纠纷①案中，涉案房屋登记于一方名下，法院认为：原告支付首付款121 780.66元（含维修基金），被告承担25万元按揭贷款，该房虽登记在被告个人名下，但无证据表明原告的出资是赠与被告，因此应认定上述房屋属原被告按份共有。

可见，实践中共同出资证明可以推翻房屋产权登记。而在共同出资的举证责任分配问题上，有法院认为，若双方存在共同生产、经营劳动的事实，且任一方不能举证证明其房产为单独出资的，应当推定为共同出资。例如，在任某与文某同居关系析产纠纷②案中，法院基于原被告间共同生产生活的事实认为，对于12 000元（购房款），原、被告均不能证明系个人出资，视为共同出资。又如，在李某与王某同居关系析产纠纷③案中，北京市第二中级人民法院认为，李某名下的三套诉争房屋

---

① 广东省河源市中级人民法院（2016）粤16民终701号民事判决书。
② 重庆市长寿区人民法院（2014）长法民初字第04072号民事判决书。
③ 北京市第二中级人民法院（2016）京02民终1643号民事判决书。

均系与王某同居期间购买或同居前李某购买同居期间还贷,且就现有证据材料不足以证明诉争房屋均系李某个人出资购买,故虽诉争房屋登记在李某个人名下,但不足以确定其系李某个人财产。

第四,购置财产的登记情况。有法院认为,同居财产与婚姻财产不同,同居财产属于财产的有限融合,而只有在融合的情况下才会形成共同所有的收入和购置的财产。因此同居财产在证明不了其为共同所有的收入和购置的财产时,应当认定为个人所有。在认定为共同购置的财产或个人财产时,购置财产的登记情况是考量的重要因素。诚如前所述,可被证明是共同所有的收入和购置的财产的手段主要为证明财产混合、证明存在共同经营、证明财产有共同出资。从登记的角度来说,若财产登记在双方名下,则易被认为是共同购置的财产。若登记在一方名下,则需证明财产混同或共同出资的情况。例如,在某某辉与杨某同居关系纠纷[①]案中,法院认为,主张房产共有一方负有举证责任,如果提交不出证据,那么就只能归购置方或登记一方所有。可见同居财产登记在一方名下时,若另一方主张共有,则应证明其有出资或存在财产混同的事实。

总结而言,通过对法院的诸多裁判结论的研究,在对于双方非婚同居生活期间共同所得的收入和购置的财产的认定,可以归纳出如下规则:一是根据取得财产时间判断。取得财产时

---

① 湖南省娄底市中级人民法院(2017)湘13民终2023号民事判决书。

间在同居开始之前，一般认为是个人财产。二是根据财产是否混同判断，法院在认定财产混同后，对于同居期间的收入和购置的财产一般推定或认定为双方共同所得收入和购置的财产，即使财产权属登记于一方名下，亦可能因财产混同而被直接推定或认定为共同财产。三是考查双方是否存在共同经营、共同劳动的情况，若存在共同经营、共同劳动的情形，则一般认为因共同经营、共同劳动所得的收入为共同所得的收入，在某些特定的情况下，与共同经营、共同劳动相关的意外所得（赠与）也可能被认定为共同所得的收入。四是在同居财产是否属于共同购置的财产问题上，法院一般会考察双方的出资情况，主张为共同财产的一方应当举证证明其出资情况，但如已经被认定为财产混同或存在共同经营、共同劳动的情形例外。诚如前所述，财产混同，法院一般直接认定财产为共同购置的财产，而在存在共同经营、共同劳动情形但仍不足以认定财产为共同购置的财产时，一般会推定为共同出资，任一方可对自己全额出资的事实进行举证，举证不能情形下则认定为共同出资。五是考察财产登记的情况，若财产登记于双方名下，一般直接认定为共同财产。而在财产登记于一方名下时，主张为共同购置的财产的一方应当举证证明，在其证明不能时，则依据财产登记情况确定其为一方的个人财产。

(二) 同居的债务与其他风险

一方面，非婚同居可能形成共同财产，另一方面也可能形成共同债务，因此也有其他的风险。

双方同居期间，如果形成紧密的财产关系，形成了财产混同，那么对于一方的负债，另一方也有可能会被法院判定为共同债务的承担人。例如，在陈某上诉张某民间借贷纠纷[①]一案中，北京市第一中级人民法院认为：

> "首先，根据已经查明的事实，在北京市石景山区人民法院审理的（2015）石执异字第10号案件2015年5月14日的听证会中，陈某表示，其1994年8月与庄某离婚后未将该事实对外公布，二人表面上是在一起生活并跟其子一起生活'一直到现在'，上述陈述应视为陈某认可其与庄某至该次听证会进行期间仍保持同居关系，现陈某未提交其他证据否定其上述陈述的内容，结合庄某亦认可二人离婚后一直共同居住生活，以及陈某二审诉讼期间认可其存在配合庄某给他人以二人没有离婚的错觉的陈述。一审法院首先认定庄某与陈某属同居关系并无不当；其次，在上述2015年5月14日的听证会中，陈某表示其持有龙达房地产公司的股份但并未投资而是庄某'把我拉进去的'，其参与过该公司的运作、处理过公司事务。另外，根据已查明的

---

① 北京市第一中级人民法院（2016）京01民终4978号民事判决书。

事实，庄某与陈某同时持有多家公司股份，并担任总经理、监事等职务，而通建合美公司的法定代表人亦存在由庄某变更为陈某后再次变更为庄某的情况。综合以上情况，一审法院认定庄某与陈某之间存在同居关系及财产混同的情况并无不当。本案，张某依据已经生效的（2014）石民初字第2752号民事判决书提起诉讼，要求陈某就该判决确定的庄某的债务承担连带清偿责任，上述债权债务关系发生于庄某与陈某同居关系存续期间，在陈某未能举证证明其与庄某的财产相互独立、上述债务系庄某个人债务的情况下，一审法院判令陈某就上述债务承担共同连带清偿责任并无不当。"

恋爱同居关系，同居者之间因为生活的密切关系，也产生了相互照顾与关注的义务。虽然没有类似于夫妻之间的权利义务关系，但是法院会在一方寻求自杀等类似案件中，判决另一方承担责任。例如，在石某、温某与潘某生命权、健康权、身体权纠纷再审[①]一案中，大连市中级人民法院认为：

"石某与上诉人潘某作为完全民事行为能力人，应对自己行为所产生的法律后果负责。本案中，石某与被上诉人潘某系恋人关系，因生活琐事发生争执实属平常，双方应相互包容、善意沟通以维护稳定的恋人关系。石某对争吵中的上诉人潘某的几句不当言语应当平复心情，合理化解，

---

① 辽宁省大连市中级人民法院（2015）大审民终再字第55号民事判决书。

但其选择服毒自杀，系其处理矛盾自我主观错误选择，悲剧完全可以避免，故其应为自己的过激行为承担主要责任。上诉人潘某在与恋人发生争执后，不但没有向石某认错、示好，展现男子汉的胸怀，还对石某恶语相向，并最终导致石某心灰意冷，喝农药自杀，其不当言行与石某自杀身亡存在一定条件关系，但该行为并不致构成法律上的诱因关系而承担民事责任。"

综上，我们可以看出，非婚同居，特别是长期的非婚同居，虽然不形成事实婚姻，不会形成身份上的法律关系，但是只要有财务上的混同，那么形成共同财产的可能性很大，同时形成共同债务的风险也依然存在。非婚同居形成的紧密关系也会形成一方对另一方的照顾义务，特别是一方存在自杀等情况下，司法审判的观点是应当附有高度的注意义务，另一方只有在采取了相关措施（如及时报警）之后，才能免责。

三、同性伴侣

世界上有部分国家是承认"同性婚姻"或者允许登记为"同性伴侣"。我国大陆现行的《民法典》中并未承认同性婚姻。但是现实生活中因为同性伴侣问题发生的"法律纠纷"依然是存在的。

 **案例**

孙某是湖南长沙的一名同性恋者,2015年6月23日,他和男朋友胡某来到长沙市芙蓉区民政局婚姻登记处办理结婚登记,被以"没有法律规定同性可以结婚"为由拒绝。孙某不服,遂将芙蓉区民政局告上法庭。庭审焦点集中在如何理解《婚姻法》对"一夫一妻"的定义。被告芙蓉区民政局认为,"一夫一妻"说明了结婚对象须为一男一女,而孙某的代理律师石某认为,一夫一妻和一男一女是两个概念,一夫一妻是针对多夫或多妻而言的,而一男一女是指性别。最终,芙蓉区法院审理认为,根据《婚姻法》第二条、第五条以及《婚姻登记条例》相关条款的规定,一夫一妻即缔结婚姻关系的两人须为一男一女,现行法律没有关于同性恋登记婚姻的规定,行政机关只能依据法律行政,因此芙蓉区民政局做出的行政行为程序合法,适用法律正确,据此驳回了原告的诉讼请求。这是中国同性婚姻登记第一案,以当事人的败诉为结局。

现实中存在中国籍同性伴侣出国到某些承认同性登记为夫妻的国家或者地区去"结婚",例如去加拿大登记。虽然我国《民法典》对同性伴侣或者同性婚姻没有提及,但由于人口流动性,被其他国家或者地区立法所承认的同性伴侣很可能会在中国生活，从而产生继承等法律适用的问题。因此，同性伴侣享有的法律权益是我国家事法领域所不能回避的问题。

（一）关于"同性伴侣"离婚

假设两位同性人士 A 和 B 在美国或者加拿大登记结婚，在中国居住超过 1 年后，中国法院便对其拥有离婚管辖权。因为根据我国《民事诉讼法》和相关司法解释的规定，夫妻双方均为外国人或无国籍人在中国要求离婚的，人民法院认定被告经常居住地在中国的，人民法院便有权管辖，而依《最高人民法院关于适用〈中华人民共和国民事诉讼法〉的解释》第四条，公民的经常居住地是指公民离开住所地至起诉时已连续居住一年以上的地方。

依《中华人民共和国涉外民事关系法律适用法》（以下简称《涉外民事关系法律适用法》）第二十七条，诉讼离婚适用法院地法律，也就是适用中国法律。离婚的前提是有合法的婚姻关系的存在，在涉及外国人的离婚诉讼中，法院需要当事人提供的材料中，包括当事人的婚姻关系证明。这种婚姻证明，部分法院要求经过中国驻外使领馆的认证（中国驻外使领馆不予认证同性婚姻）；部分法院也接受该国驻华使领馆出具的婚姻关系证明，而无须经过中国使领馆认证。如果当事人无法提供符合要求的婚姻证明，在最高人民法院《关于人民法院推行立案登记制改革的意见》颁布以后，当事人要求离婚的起诉会被法院受理，但因其没有符合要求的婚姻关系证明，无法证明合法的婚姻关系的存在，所以该诉讼请求将会被判决驳回。

迄今为止，我国尚未有公开的类似案例，但法院判决类似的情况并不少。未来中国的法院很可能会受理到缔结于美国或者其他承认同性婚姻的法域的离婚案。从既有的立法与司法实践来看，法院很可能是无法拒绝审理同性婚姻离婚案的。因此，从当事人的角度看，还是需要通过同性婚姻办理的内部法律文件来确定双方在中国法下的权利与义务，才是最为妥善的处理方式。

(二) 关于继承

一位英国先生A，与美国人B在美国缔结了一个同性婚姻，这在美国是一个合法的婚姻关系。A先生做中美之间的贸易业务，在中国有工厂厂房及一些现金资产。A先生在中国期间不幸突发疾病，医治无效去世了。此时，他的配偶B先生能否来中国继承A的资产？

这一问题需要按法定继承和遗嘱继承两种情形分别回答。如果是法定继承，依《涉外民事关系法律适用法》第三十一条的规定，法定继承适用被继承人死亡时经常居所地法律，但不动产法定继承适用不动产所在地法律。详言之，在法定继承中，应适用中国（经常居住地）的《民法典》，在认定继承人范围时，又会涉及对美国人B的配偶身份的认定（属于先决问题）。

依《涉外民事关系法律适用法》第二十一条的规定，结婚条件适用当事人共同经常居所地法律，若 A、B 的共同经常居所地是美国，则 B 是 A 的合法配偶，享有继承权。因此，对于继承其中国的遗产，中国法律下所需要确认的是其继承权，而不追究继承权的渊源问题。

如果是遗嘱继承，若英国人 A 在遗嘱中规定所有的遗产由其同性配偶 B 继承，该遗嘱在中国是否有效呢？依《涉外民事关系法律适用法》第三十二条的规定，遗嘱的方式只要符合遗嘱人立遗嘱时或者死亡时经常居所地法律、国籍国法律或者遗嘱行为地法律的，遗嘱均成立。关于遗嘱的效力，依同法第三十三条，适用遗嘱人立遗嘱时或者死亡时经常居所地法律或者国籍国法律。英国人 A 的遗嘱，单独依据其死亡时所在地即中国内地的法律无法得到支持，但是依据其生前经常居所地即美国法律，则是一份有效的遗嘱。依据上述法律规则，一地有效，全部有效。因此，整体而言，这是一份有效的遗嘱。

所以，无论是法定继承还是遗嘱继承，同性配偶 B 都享有继承权，此时的问题在于，B 先生享有继承权会否被法院认定为损害中国社会公共利益？《涉外民事关系法律适用法》第五条规定："外国法律的适用将损害中华人民共和国社会公共利益的，适用中华人民共和国法律"。该条规定的是实体法律适用问题，但是继承问题中不可能直接适用关于承认同性婚姻的法律，因此以此项规定来否认同性配偶的继承权的可能性较低。

第二节　婚姻的法律效力之身份关系

在中国传统社会，崇尚夫为妻纲，父为子纲，这与古罗马家长吸收其他家庭成员的人格非常类似。在不同的历史阶段，家庭成员人格被吸收的程度有所不同，但都可以得出妻子之人格为夫家所吸收之结论。传统的夫妻一体化，本质上并不是平等主体之间的融合，而是男性吸收女性，冠夫姓的传统就是这一特征的极致表现，幸好此项传统已然被当代中国社会所摒弃。

在摒弃了冠夫姓传统之后的现代，在崇尚人人平等的宪法与民法原则的指引下，夫妻关系进入了"平等主体之间的融合"样态。

夫妻的一体化意味着夫妻之间的无限信任，这体现为相互为对方第一顺位的法定监护人，相互获得了家事代理权；同时也意味着在一定程度上让渡了独立的人格，例如：夫妻共同财产制度，以及优先于个人隐私权的夫妻知情权。

夫妻一体化确实是一个矛盾的问题。一方面，作为自然人的人格应当始终是独立的；另一方面，婚姻家庭对社会稳定有着不可替代的作用，因此鼓励婚姻家庭就意味着"牺牲"了部分个人之独立性，以成全家庭之一体性。当然，立法允许当事人通过意思自治的方式来调整。例如，在人身关系方面，可以通过意思自治指定监护排除配偶之第一顺位监护人之法律地位，同时在财产方面，允许夫妻通过约定方式确定婚后财产制度；更表现在与第三方之关系上：婚后来自父母之赠与，在没有明确的意思表示之时，推定为赠与夫妻个人而不是夫妻双方。

夫妻之间的关系不仅是一个法律问题，同时也是社会经济、历史文化的体现。下面从具体的权利角度进行分析。

一、隐私权与知情权

在高度交融的婚姻关系中，如何确立婚姻关系中个体自然人的独立人格界限，是现今学界对婚姻制度与理念进行理性反思的一大命题，其中以配偶间隐私权为代表的婚内具体人格权限缩问题非常具有代表性。

实践中有类似案例，如刘某与马某离婚纠纷[①]一案：

> 刘某与马某结婚后，刘某发现马某患有精神分裂症，向法院起诉离婚。马某称，2010 年前后，自己确因种种原因出现了精神异常，后入院治疗，并已治愈，病史属马某隐私范畴，故不属于刻意隐瞒，不同意离婚。法院认为，马某于婚前未告知刘某自己曾被诊断为精神分裂症的事实，该情形属重大情况，马某婚前应告知刘某。马某的行为已

---

① 河南省邓州市人民法院（2014）邓法民初字第 1827 号民事判决书。

导致双方夫妻感情出现裂痕，加之马某于婚后再次被诊断为精神分裂症，马某出院后，刘某起诉要求离婚，应当认定为夫妻感情确已破裂，故判决准许双方离婚。

又如陈某与张某离婚纠纷①案：

陈某通过跟踪、拍摄视频、获取网上聊天记录等手段获取张某存在婚外恋的证据，并运用该证据来证明张某存在婚外恋的情形，以达到离婚后获得更多财产的目的。此时，张某以陈某侵犯其隐私权为由，主张证据来源不合法来进行抗辩。

从以上案例看出，法官并不纠结于证据的真伪，而是综合考虑婚姻的基础、感情、状态等，作出准予离婚的判决，对多分或少分财产，则全以过错为判断依据。

自然人人格权由一般人格权与具体人格权构成，其中更有实际操作层面参考意义的是对具体人格权的规范。在个体独立的情况下，具体人格权的权能界限清晰，外延相对明确，但在婚姻关系产生后，配偶间将以何种水平或程度让渡自己的具体人格权，是立法者未来需要考虑的问题。

"婚内无隐私"的观点曾经盛行一时，无论是中国还是美国等西方国家，"婚内侵权豁免"都曾经占据法律观念的主流。这彰显了人们对于婚姻这一高度亲密社会关系的一种极大宽容。究其原因，是基于配偶双方个体人格的紧密结合。但随着社会

---

① 江苏省仪征市人民法院（2016）苏1081民初2002号民事判决书。

的发展与思想的开明，人们越来越意识到，即便是在婚姻这样紧密的关系中，个体的尊严与独立依然不容忽视，甚至更加需要维护。美国的怀特夫妇隐私权诉讼案①、卧室摄像头侵权案②均是夫妻间隐私权被侵犯的经典案件。因此，"婚内侵权豁免"的观念在美国逐渐偃旗息鼓，取而代之的是更加注重个体人格利益保护的法律制度，这其中就包括确立与配偶间隐私权侵害相关的"欺骗与欺诈性错误陈述"等诉因。

当前我国司法实践并未直接使用"配偶间隐私权""配偶间知情权"等概念，亦不正面回应配偶间的独立人格问题，而继续采用"感情破裂"的标准解决争议，虽具有一定的模糊性，但也符合实际争议解决功能的需求。

二、夫妻相互之间的监护权

夫妻互为对方的监护人，是夫妻紧密关系的重要体现。当一方因故失去行为能力之时，另一方可以监护人的身份行使相关权利，履行相关义务与责任。成年人相互之间的监护权是婚姻效力的重要体现。

成年人监护制度在现行《民法典》中得到了进一步的细化和明确，这要从以下三个角度理解成年人监护制度：一是从被

---

① Whitev. White, 781 A. 2d 85（N. J. Super Ct. Ch. Div. 2001）。
② Millerv. Brooks, 472 S. E. 2d 350。

监护人角度，确定哪些成年人可以成为被监护人；二是从监护人的角度，确定哪些人可以成为监护人，他们之间有何关系；三是如何启动成年人监护制度，程序上有何要求与局限。

判断成年人具有何种水平的行为能力，唯一的标准是其"能否辨认自身行为"，在我国现行立法下具体包括：成年而不能辨认或不能完全辨认自己行为的精神病人、成年的智力残障人士、因年老或疾病而失去辨认自身行为后果的老年人，以上群体都可以通过对《民法典》二十一条、二十二条的文义解释纳入被监护人的适格主体范围中。其中最为主要的监护对象仍然是精神病人、智力残障人士、因疾病而失去或部分失去辨认能力的老年人。因对这些主体意思能力与行为能力的判断有较为客观的医学诊断作为基础，能将"失去行为能力"的时间确定到某个相对明确的时点，对法律拟制其行为能力而言具有可操作性；单纯因年老而逐步失去辨认能力的老年人，则较难确定一个具体的时刻判断其失去了辨认能力，特别是在保障意思自治与人权的立场上，若任意剥夺老年人的行为能力资格，很有可能导致"恶法之治"。故对于自然衰老的老年人，行为能力的拟制制度与监护制度较少适用，一般通过赡养进行调整。

三、夫妻之间的扶养义务

夫妻间的扶养义务由《民法典》第一千零五十九条明文规

定:"夫妻有相互扶养的义务。需要扶养的一方,在另一方不履行扶养义务时,有要求其给付扶养费的权利。"一方面需要厘清的是"扶养"与"抚养"的区别,由于早期司法尚未注意用语的严谨性,使得"扶养"具有广义的概念,包括"夫妻间的扶养"、"父母对子女的抚养"以及"子女对父母的赡养扶助"。但狭义而言,扶养应指代同辈之间的扶持供养,现行立法中主要包括配偶间的相互扶养以及兄、姐与弟、妹的相互之间的后补扶养,即无其他扶养人之时的扶养。另一方面需要认识到,夫妻间的扶养义务是法定义务,无法通过约定予以排除。

民法虽以财产为主干逻辑,但仍有不可回避的现实生活需求亟待回应,财产固然重要,但将婚姻关系区别于合同关系的正是这些生活需求与对应规则中体现出的人伦价值与道德内涵。需要注意的是,"生活扶持"的能力会随着义务人自身的身体健康状况、年龄等要素而逐步下降,乃至丧失,若配偶一方有身体残疾或年事已高行动不便等状况,则这一义务内容会被排除在扶养义务履行的内容要求之外,而仅需履行"经济供养"义务。例如,上诉人冯某某与被上诉人张某某抚养费纠纷一案①判决:"现原、被告系在婚姻关系存续期间,原告虽每月有低保收入100元,但无其他收入,显然无法维持基本生活水平。被告年事已高,且原被告现处于分居状态,无法对原告进行日常生活照料、扶持,但其收入较高,依法应当在经济上对原告履行

---

① 辽宁省锦州市中级人民法院(2016)辽07民终1106号民事判决书。

扶养义务。故原告要求被告支付扶养费的诉请，有事实及法律依据，本院予以支持。"但立法中以"有要求对方付给扶养费的权利"进行表述，过分突出了扶养的财产属性，而忽略了生活扶持，在一定程度上存在偏颇。①

（一）"需要扶养"的条件

通过《民法典》第一千零五十九条的表述，可以发现夫妻扶养义务的要求履行存在"需要扶养"以及"一方不履行"这两大前提，需要同时满足，其中最重要的便是如何判断"需要扶养"。司法实践中一般将其具体到"陷入生活困难"，这种生活困难可能是因为疾病等身体因素而产生，也可能是因为贫困而无法维持基本生活需要而产生，这也正好对应了扶养义务内涵的两个方面。换言之，如若配偶一方尚未陷入"生活困难"，将难以通过诉讼要求另一方履行"扶养义务"。不仅是配偶间扶养义务，未成年人抚养与子女赡养义务均遵循这种"陷入困难"

---

① 一方面，由于"生活扶持"的人身性强，难以通过判决等强制性措施要求义务人进行给付，如配偶一方病重，难以判决要求另一方进行护理，即便要求，如若继续逃避履行，也很难有追究对应的责任；另一方面，若义务人没有对配偶进行生活帮扶，其大概率已经不与陷入生活困难的配偶一方一起生活或者已经无能力进行帮扶，若是有能力帮扶而不帮扶，婚姻双方的感情可能也难以维系，强制义务人履行生活扶持义务也可能难以取得切实有益的效果。故将其经济量化为"扶养费"的形式可能更加具有实际可操作性，但如此考虑是以救济为逻辑，而非以规范为逻辑，婚姻家庭编的立法应当具有更强的规范、教化、引导意义，故仍然应当在立法中强调"生活扶持"，不能偏失。而不进行"生活扶持"，则其也应转化为适当的扶养费或补偿金，才能使得规范体系与责任体系衔接对应。

的逻辑①。尚有一点需要强调：配偶间的共同财产应当优先作为"供养"陷入困难一方的财产，在婚姻存续期间，共同财产为配偶共同共有，应当全部作为"供养"的责任财产；而在离婚分割后，属于个人的部分则回归个人财产属性，自然也回归作为"自我供养"的责任财产属性。

（二）配偶扶养义务与子女赡养扶助义务的关系

若要求配偶同时履行扶养义务、支付扶养费及要求子女履行赡养义务、支付赡养费、谁先给付的问题②，也即配偶扶养义务与子女赡养义务是否有履行顺序的问题。根据前述分析可知，法律上的三种"供养"均以"困难"为前提，如若一种给付已经足以解除这种困难，那么第二种给付是否可以免除？当两种给付义务均为法定义务时，如何确定给付的顺序（或是比例）？

司法实践中并未严格按照法理逻辑进行，而是呈现出一种化"位阶"为"比例"的样态，配偶扶养与子女赡养已经互为参考要素，成为酌情判决的依据之一。例如，上诉人冯某某与被上诉人张某某抚养费纠纷③案中，法院认为：

综合考虑原、被告双方实际生活需要、收入水平、子

---

① 未成年人（子女）"无独立生活能力"是天然的困难，成年后方才推定不处于这种"困难"之中；而赡养义务，在《民法典》第一千零六十七条明文规定有"缺乏劳动能力或者生活困难的父母，有要求成年子女给付赡养费的权利"。

② 此处限定为给付扶养或赡养费用，理由如前所述，且子女的帮扶与配偶的扶助在实际生活层面不矛盾。

③ 辽宁省锦州市中级人民法院（2016）辽07民终1106号。

女赡养因素等，酌定被告每月支付原告扶养费 1 200 元为宜。

在杨某某、谢某某扶养费纠纷①案中，法院认为：

> 夫妻间履行扶养义务也应考虑双方的实际情况，上诉人杨某某有子女赡养，且购买了社会保险和医疗保险，而被上诉人谢某某无子女，身体有残疾，且无固定收入，故一审法院根据实际情况酌定由杨某某向谢某某支付 20 000 扶养费并无不当。

另在宋某某与伍某某扶养纠纷②案中，法院认为：

> 为兼顾子女赡养与夫妻扶养，对子女尽孝和夫妻扶携均给予充分的肯定，并避免产生道德风险，法院酌情考虑被告承担原告住院费用 309 元。

这种判决有其合理性与优势：一是顺应主流道德观念，利于争议解决，息讼止争。二是符合实际需求，现实中往往出现配偶一方与子女互相推诿不履行自身义务，并以对方义务互为抗辩的情形，这种情况常出现在经济欠发达的农村地区，争议双方一般也属于低收入人群，如若严格按照法理逻辑进行判决，要求配偶优先于子女进行"供养费用"的给付，会脱离实际状况，难以使判决得到执行。三是具有更强的教化指引功能，如若按照位阶的逻辑处理此类问题，位于后位的子女将更加疏于

---

① 四川省成都市中级人民法院（2017）川 01 民终 8643 号民事判决书。
② 四川省广安市广安区人民法院（2018）川 1602 民初 3926 号民事判决书

履行赡养义务，可能不仅使得家庭中"老无所养"，还会在社会范围内形成逃避赡养的恶劣风气，对于当下国民素质水平而言，其影响将是极为负面的。故采取中庸调和的处理方式，实则是有其考虑的。

在婚姻家庭领域的立法，往往受到根深蒂固的社会观念的影响与限制，法律的理性可能难以完全体现出来，要形成自己完备的逻辑体系不得不做出顺应现实情况的让步与调整。

四、日常家事代理权

关于夫妻之间的日常家事代理权，《民法典》第一千零六十条第一款规定："夫妻一方因家庭日常生活需要而实施的民事法律行为，对夫妻双方发生效力，但是夫妻一方与相对人另有约定的除外。"

夫妻双方的日常家事代理权，是指夫妻双方在为满足家庭日常生活需要而与第三人实施法律行为时互为代理人，互有代理权。日常家事代理权是婚姻的法定效力之一，不论夫妻是有协议约定夫妻财产制还是无协议的法定夫妻共同财产制，双方均享有日常家事代理权。

日常家事代理权，顾名思义，只能限于夫妻一方为满足家庭日常生活所需，而与第三方实施民事法律行为的情形，如买卖日用品、装修房屋等，无须以夫妻共同两人的名义，即对夫妻双方发生效力。例如，在王某与毛某、腾辉装饰装修合同纠纷①一案中，法院认为：

> "婚姻作为夫妻生活的共同体，在处理日常家庭事务的范围内，夫、妻互为对方代理人，享有家事代理权。夫妻因配偶身份关系的确立依法享有家事代理权，是婚姻的当然效力。本案中，案涉装修事实发生于二被告婚姻关系存续期间，从本案中二被告关于装修事宜的陈述、房屋装修系用于二被告婚姻生活、装修活动对于婚姻生活的重要性等因素考虑，故应认定案涉装修债务系属于被告毛某行使家事代理权的范畴，应属二被告夫妻关系存续期间的共同债务。"

在司法审判实务中，法院通常会参考夫妻双方的职业、家庭资产情况，个人收入、家庭负担及债权人是否知情等，结合当地的一般社会生活习惯予以认定或者否定是否构成家事代理权。一般来说，通常情况下，必要的家庭日常消费主要包括正常的衣食消费、日用品购买、子女抚养教育、老人的赡养支出、家庭成员的医疗保险、医疗支出等等各项费用，一般会被认可为家事代理权，要求夫妻共同承担债务或者开支。而在夫妻一方个人任职的商业活动中的开支或者负债，则通常不适用家事代理权的规则，而是适用是否构成夫妻共同债务等规则来判断。

---

① （2019）苏 0303 民初 446 号。

例如，在朱某某与鞠某、仇某民间借贷纠纷[①]一案中，法院认为：

"原告与被告鞠某均陈述双方的关系是从小一起长大要好的朋友，原告对鞠某所从事的职业、收入、婚姻家庭乃至个人品行等情况应当了解。鞠某在其婚姻关系存续期间有赌博恶习，曾多次因此被公安机关予以处罚，鞠某也因此对外负有较多债务。原告在两年多时间内多次出借19.5万元给鞠某，而且均未征得其配偶仇某的同意，这明显超出家事代理权的范畴，也说明原告没有尽到合理的注意义务"。

在此案中，法院重点考察了出借人对借款人的熟悉程度，及借款人的赌博恶习，否定了其借款属于夫妻共同债务。这也代表了一种司法审判的态度：并不是所有的借款给个人，就等于借款给夫妻。出借方对于借款的用途应有合理的注意义务。对于明显知道用途并非家庭生活需要的借款，法律是不予以承认为夫妻共同债务的。

---

① （2017）苏1283民初5366号。

第三章 夫妻共同财产与共同债务

第一节 夫妻共同财产

一、约定财产制

约定财产制，或者说夫妻财产约定，是指法律允许准夫妻以书面协议的方式，对夫妻在婚姻关系存续期间所得财产以及婚前财产的归属、管理、使用、收益、处分及债务的清偿、婚姻解除时财产的清算等事项做出约定。

2001年《婚姻法》进行了修订，对夫妻财产制度做了重要的修改和完善，同时明确规定了夫妻财产的约定方式及约定的效力,即在私法领域给予当事人充分的自由,允许其在法律规定的范围内自主处分其财产权利,这是前所未有的。《民法典》对此予以了进一步的肯定。

依据《民法典》"婚姻家庭编"第一千零六十五条,男女双方可以约定婚姻关系存续期间所得的财产以及婚前财产归各自所有、共同所有或者部分各自所有、部分共同所有。财产约定应当采用书面形式。这是我国关于约定财产制的规定。

(一) 书面形式要求

夫妻财产制约定应当采用书面形式,如若夫妻双方就夫妻财产制约定未采用书面形式的,该约定不成立。因为夫妻财产制度对夫妻双方特别重要,因此法律要求以书面形式落实,以显示其郑重。

所谓书面形式,是以合同书、信件、电报、电传、传真等可以有形地表现所载内容的形式。所有以有形的方式表现出来的约定,都属于书面形式,并不限于双方签名的协议书的方式。通过聊天记录来确认的形式,也有可能会被认定为书面形式,只要能证明是当事人的真实意思表示即可。

(二) 约定的内容和范围

财产约定,主要是对财产是否形成共有的约定,可以进一步区分为:①完全的分别财产制,即夫妻双方婚前财产和婚姻关系存续期间取得的财产完全归各自所有，不形成任何共同财产；②完全共同制，即夫妻双方婚前财产和婚姻关系存续期间取得的财产，全部归双方共同共有，效力及于婚前与婚后；③部分共同制，即夫妻双方婚前财产和婚姻关系存续期间取得的财产，约定特定的部分归各自所有，特定的部分归双方共同共有。

实务中，也有约定安排财产之外的条款被写入婚前财产约定文件中。例如，惩罚对婚姻不忠的"一旦出轨净身出户"条款在司法审判实践中被否定的概率极大。另外，在夫妻财产协议中事先约定关于离婚时子女抚养权归属的条款，也往往被认定不发生效力。在夫妻离婚之时依然需要重新评估子女与哪一方共同生活更有利于子女的成长，从而判定未成年子女的直接抚养权。

(三) 约定的效力

依据《民法典》"婚姻家庭编"第一千零六十五条第二款和第三款规定，夫妻财产制约定具有对内效力和对外效力。

所谓对内效力，是指夫妻双方对婚姻关系存续期间所得的财产以及婚前财产的约定，对双方都具有法律约束力。对于夫妻双方来说，夫妻财产制的约定直接导致夫妻财产权属发生变动，即发生物权变动。举例而言，如果约定婚前婚后财产都是夫妻共同财产，那么婚前男方名下的房产即使不加上女方的名字，在该协议生效之后也属于夫妻共同财产。

所谓对外效力，是指夫妻财产制约定对夫妻之外第三人的效力。具体而言，夫妻一方对外以个人名义负担债务的，如果夫妻双方约定采用分别财产制且相对人知道该约定，相对人只能就夫妻一方的个人财产受偿，但该债务属于夫妻共同债务的除外。配偶无须以个人财产对相对人负责，但依据《民法典婚姻家庭编司法解释（一）》第三十七条，配偶须举证证明相对人知道该约定。善意相对人不知道夫妻采用分别财产制的，夫妻之间关于分别财产制的约定不得对抗善意相对人。为了保护善意相对人，夫妻一方所负债务的清偿，按照夫妻共同财产制下债务清偿规则处理。

二、婚前协议与婚前信托

在海外，婚前协议是一个接受度较高的家庭法律文件。在高净值群体，例如明星群体，则更是惯常。例如女演员妮可·基德曼与歌手凯斯·艾尔本约定了婚前协议，夫妻俩在婚后的所有收入是独立归各自所有，同时也约定了收入相对较高的妮可·基德曼每年需要向先生支付64万美金，但如果先生凯斯·艾尔本染上吸毒的恶习，就丧失了这个"补偿费"。类似这样的婚前协议，约定财产归属、约定婚姻关系中的有条件的补偿等，是常见的。

在我国，婚前协议还是一个相对"年轻"的法律工具，但越来越多的年轻人接受婚前的一些财产安排。关于婚前财产安排，常见的是婚前协议与婚前信托。

(一) 婚前协议

1. 对婚前协议的偏见

婚前协议是世界上理性但不浪漫的法律文件：需要在婚前明确如果发生离婚，双方如何妥善处理相关事宜。从中国人的传统文化来看，婚前协议也是非常不吉利。据公开报道，歌星王力宏与前妻的离婚纠纷中，其前妻声称"一开始就被逼着签署不对等的婚前协议"。以下从法律角度剖析一下婚前协议。

一方面，婚前协议是被妖魔化的法律文件，被认为是一方欺负另一方的有力工具，其被妖魔化的程度不亚于文学作品中的"后妈"。另一方面，因为一方签署之时的不慎重，婚前协议确实会给其带来沉重的后果，即显著的不公平。从域外法的角度看，在"金钱至上"的美国，特别是对于好莱坞的导演、演员群体，婚前协议是一个常见的法律文件，也是他们多次结婚、顺利且体面离婚的"助力器"。

在离婚逐步从一个极小概率事件发展为大概率会发生的事件之时，与其排斥婚前协议，不如正确认识一下婚前协议及婚姻中需要签署的协议。

2. 对婚前协议的三项"澄清"

当非专业人士谈论婚前协议之时，往往会有三个模糊地带，需要简单地澄清一下。

（1）婚前协议不等于忠诚协议

婚前协议的法律依据是《民法典》第一千零六十五条，即"男女双方可以约定婚姻关系存续期间所得的财产以及婚前财产归各自所有、共同所有或者部分各自所有、部分共同所有。约定应当采用书面形式。没有约定或者约定不明确的，适用本法第一千零六十二条、第一千零六十三条的规定"。从这个规定来看，婚前协议的核心内容应该是财产，并不是通常意义上的忠诚。

无论法理上还是司法实践中，并不绝对否定忠诚性条款在婚前协议中的效力。但司法实践也表明，"空床费""一方出轨就净身出户"等类似的忠诚性质的约定，基本上并不能得到法院的支持。究其原因，并不是法院纵容过错一方，而是此类情况应由离婚过错损害赔偿制度来解决。

换句话说，对方是否忠诚无法约束，事实上也很难有效制裁不忠诚。婚前协议最重要的是安排好各自财产的相关约定。

（2）婚前协议不必然等于AA制度

约定夫妻分别财产制，即通俗意义上的AA制，是婚前协议的初级阶段，其适用的场景其实非常有限。笔者根据多年的工作实践，整理了以下在中国法律框架下常见的婚前协议类型：

一是纯粹 AA 制。这种类型也称作"完全隔离型",即准夫妻约定婚前、婚后的财产及收入都是各自所有,双方不形成任何夫妻共同财产。完全隔离型的婚前协议,主要适用于双方婚后无生育计划的人士,例如,年龄较长的再婚人士。这种完全隔离型协议有助于双方隔离原本各自的家庭成员,避免再婚家庭因有共同财产而产生争议。因此,这种协议通常也会明确双方事先放弃对对方财产的继承,即各自财产由各自的子女继承。

二是自我奋斗型。此类婚前协议的核心条款是约定双方各自的工作收入,包括投资与劳动所得,是夫妻共同财产,但是来自任何一方父母或者其他亲属的赠与及继承所得为该方的个人财产。此类婚前协议,主要适用于双方家庭条件差距较大之时一方家庭用于"安抚"经济条件较好的一方家庭,防范后续因离婚而分走来自父母馈赠的房产或者公司股权。

三是公司家庭平衡型。此类婚前协议的核心条款,是约定一方名下的公司股权,通常是尚在创业融资中的公司股权,一方具有相对独立的处分权与管理权,但要保障另一方配偶的经济利益。此类婚前协议主要适用于企业创始人或者联合创始人,目的是保障公司融资的顺畅,对冲部分投资项目中要求配偶签署配偶同意函的不友好,让创始人平衡好公司利益与家庭利益。此类条款因为存在利益平衡问题,因此订立时需要具备融资、上市规则方面的知识,仅仅基于《民法典》"婚姻家庭编"角度的约定，往往会"失效"或无用武之地。

除此之外，还有保障型的婚前协议，后面专门讨论。

（3）夫妻财产并非只能在婚前进行约定

因为"婚前协议"这个表述带着一定的"误导性"，很多人认为关于财产只能在婚前进行约定。但是在夫妻关系存续期间，也经常会有一些婚内约定的场合。

典型的例子是如果一方在婚姻中被另一方发现有实锤性的过错，但是基于双方有未成年孩子等因素另一方考虑有条件的原谅对方，夫妻在深夜商讨后达成保证书之类的约定，其实并不少见。但遗憾的是，这种双方私下写的保证书在很多诉讼中只是废纸一张：除了有利于控诉，并没有得到任何实质性的财产性保障。例如，在"保证书"中，男方允诺赠与女方一套婚前房产，如果后续未能落实，保证书则是废纸一张：因为根据司法解释，类似赠与在过户之前是可以撤销的。即使房产过户了，如果双方约定的条件不够清晰，那么依然是夫妻共同财产而不是无过错方的个人财产。只有写明："因本人过错行为，给本人妻子造成伤害，作为和解的条件，特将本人婚前个人房产转至妻子个人名下并归属于其个人"类似这样明确的表述，才有严格意义上的法律效力。法律认可的要点即：需要明确为和解协议，而不是赠与合同；需要过户，而不是停留在协议上。

在其他情形中，例如一方执意经营着配偶并不认同的商业，在其控股的公司寻求银行贷款之时，银行要求夫妻双方签署无限连带责任担保时，也可以通过特定的婚内协议来保障一方的个人财产利益。

3. "伪豪门"婚姻中的女性自我保护

笔者总结实践中接洽的离婚案，对离婚后双方财产分割的基本印象（样本有限，并不完全准确）是：嫁入真豪门的女方，离婚之时基本都会有体面的生活，只是关于未成年子女的抚养等问题会产生一些争议，财产分割方面能令人满意；但一旦男方是伪豪门，那因离婚受伤的不仅仅是一颗心了。

所谓的伪豪门，主要是两大类：一种是男方本人挣钱不少但是防御心很重，婚前要求签署倾向性保障其利益的婚前协议，在离婚的时候对婚姻、对配偶都缺乏基本的尊重。另外一种则是男方家里（父母）有钱，但男方本人并不占有也不创造财富。

先说第一种。如果一方婚前财产可观，婚后财产资本性增值与收益都很高，要求签署一份婚前协议，这事本身并不丑陋。相信爱情同时相信法律，这是理性的表现。但问题往往是：有财力的一方可以聘用专业的富有经验的律师，而另一方仗着年轻貌美不把婚前协议当回事，签署了一个后面来看不对等婚前协议，那么结局确实会非常被动。现实生活中有一个案例：双方婚前协议简单粗暴地约定了各自财产独立不共有制。男方在婚内给予高额的家用钱，承担所有开支。听起来是很合理的家庭财务安排，女方欣然签署。但女方弄错了一点：婚前协议不是为婚姻准备的，而是为离婚准备的。离婚的时候，女方除了一堆包与精美的首饰，并无多少财产保障。此时，脱离了社会生活太久的女方因为没有稳定的高收入，离婚后缺乏独立抚养2个未成年孩子的经济能力，最终不得不在抚养权上进行妥协。虽然女方不能把结婚、离婚当作自己暴富的捷径，但是离婚后生活质量大大下降，以至于未成年孩子实际上由爷爷奶奶抚养，对女方而言绝对是一个悲剧的结局。对于此类婚姻，女方应当在结婚前有"谈判能力"的时候在婚前协议中做出相对平衡的约定，在保障不"觊觎"对方婚前财产的前提下，婚前协议需要对女方进行特别的保障，例如：补偿因职业中断的损失，对抚养条件、抚养费、居住权等约定。

对于第二种家庭类型，即父母是积累了诸多资产，父母考虑到对子女婚姻稳定性的担忧，希望避免子女离婚造成家庭财产的重大损失而要求子女签署婚前协议，这也无可厚非。与前一类相似，家境富裕的儿媳妇确实可能会养尊处优，成为全职家庭主妇，生育多个孩子，甚至还有着丰厚的零花钱。如果婚姻一直幸福持续下去，女方便是幸运的人生赢家；但一旦出现婚姻危机，则面临着不敢离婚或者离婚后非常被动的两难选择。

不管嫁入的是否是真豪门，如果对方要求签署婚前协议，那么对准备在婚姻中全身心投入、生育孩子的女性来说，需要慎重对待，不要去相信"这个协议就是应对一下父母，没约束力"这样的谎言。限于篇幅，本书只罗列个人认为最核心的两

项内容供参考:

其一,明确生育补偿,包括职业中断补偿。在婚前协议中约定"青春损失费"的补偿大概率是得不到法律的支持,但是生育补偿、职业中断补偿,只要表述得当,得到支持的概率极大。

其二,明确居住利益保障。如果结婚后一方因无房住入对方父母名下的房产或者对方的婚前财产,那么易失去婚后购买独立房产的动力,甚至会在部分城市失去购房资格。而居住利益不仅关乎离婚后的生活质量,更关乎未成年子女直接抚养权的"诉讼争夺"。此类居住利益可以有所有权、共有及居住权多种选择,可以根据具体情况进行约定。

作为离婚自由制度的衍生品,婚前协议制度本身并没有错。婚前协议能帮助双方在离婚时理性对待,不再纠缠于说不清楚的财产,有助于尽快结束不愉快的婚姻关系。如果把个人视为资本,那结婚无异于两个"企业"的合并,长期来看,涉及的权利义务责任非常多,绝不是上网搜一个免费的婚前协议模板就能解决问题的,也不是对方请了律师订立协议另一方随意签名就行了。这些都是未来控诉"不对等婚前协议"的前兆,但是控诉能带来哪些实质性的利益保障呢?

一个好的婚前协议,必然要根据双方的个人情况(如一方是否是有过孩子的再婚)、原生家庭情况、职业现状、收入及未来收入结构、生育计划等,进行全面分析并且针对离婚进行规划，平衡双方的利益才能实现"合则共同幸福，分则体面友好"的局面。

（二）婚前信托

除了婚前协议，事实上，婚前信托在高净值群体中逐渐流行起来。下面简单介绍一个案例，具体说明婚前信托是如何保障一方的婚前财产的。

刘先生是一个IT工程师，在第一次创业并将创业企业出售后，获得了人生的第一桶金。刘先生现在大约有3 000万元人民币银行理财和第二次创业的公司，持股价值大约500万元人民币。

刘先生拟与张小姐结婚，在刘先生母亲的建议下，刘先生提出和张小姐签署婚前财产协议以确认双方在婚后适用夫妻分别财产制。但即使刘先生提出了若干"补偿性的条件"，张小姐还是坚决不同意签署。单亲家庭出身的刘先生既想结婚，同时又担心万一婚姻失败给自己带来财产纠纷。

在咨询和比较不同的解决路径之后，刘先生最终选择设立一个婚前信托，将婚前的银行理财资产全部装入了这个信托。信托的主要用途是在未来需要的时候用这笔钱去增资现在的公司或者设立其他的有限责任公司，并在未来将公司分红直接分配给信托，实现资产在信托中的内部流通。只要不对受益人进行分配，信托中的财产与夫妻财产无关。

设立婚前信托获取的利益是多元的，显而易见的优点至少有两项：第一，避免签署伤感情的婚前协议；第二，不需要向对方披露财产，直接将个人财产隔离于夫妻共同财产之外，保持了委托人的财产隐私。

由于婚前信托相比于婚前协议更容易操作，并且保障了财产隐私。因此，除了被企业家们所青睐，更多的高净值家庭的创一代在面临自己子女婚嫁的时候，也选择通过信托而不是赠与财产，将财富传承给第二代。

除了可以避免签署婚前协议，婚前信托还可以保障婚姻中相对弱势的一方。下面这个案例即是证明。

来自香港的杜小姐拟与某创业板上市公司的创始人鲁先生结婚。鲁先生是二婚，而杜小姐则是初婚。由于公司董事会的要求，鲁先生提议签署婚前协议，否则将不得不在婚前将公司股权赠与给前一个婚姻中出生的儿子，提前实现财富的传承。杜小姐并不担忧与鲁先生婚后的生活质量，但是考虑到鲁先生年近60，万一发生身体的不测而未留下足够的资产给杜小姐和他们预计很快生育的孩子，那么杜小姐独自抚养孩子将非常困难。

因此，在咨询专业人士之后，杜小姐接受婚前协议的同时，也向鲁先生提议设立一个信托，用于保障婚后杜小姐的未来生活无忧。准夫妻商量之后，最终在律师的协助之下确定了信托方案。即以鲁先生为委托人，杜小姐及他们未来的孩子作为受益人的资金信托，并且随着婚姻关系的存续时间越长，鲁先生有义务追加信托金额，同时，他们的婚姻中每再诞生一个孩子，鲁先生都将追加信托金额。

如果说前一个案例婚前信托是保障婚姻关系中财产较多的一方婚前财产的稳定性，那么这第二个案例中的婚前信托，则是保障财产相对弱势的一方未来生活的安全性。

由于信托中受益权设定可以附有相对灵活的分配条件，并且信托存续时间较长，信托设立人的去世也不影响信托的继续存在。最后信托的设立也可以避免继承纠纷。因此在高净值人士自己或者其子女婚嫁之时，设立信托往往是一个不错的选择。

当然，由于每一对准夫妻的家庭情况、财产情况都不一样，并无通用的模板供参考。但是从功能上看，婚前信托可以根据家庭的具体情况进行规划设计，保障一方婚前财产的稳定性，保障婚姻中相对弱势的另一方，也可以保障婚姻中的孩子。

三、法定财产制下的夫妻共同财产

如果夫妻不做财产约定，那么将推定适用夫妻共同财产制。所谓共同财产制，严格来说应表述为婚后所得共同财产制。

《民法典》第一千零六十二条第一款规定："夫妻在婚姻关

系存续期间所得的下列财产，为夫妻的共同财产，归夫妻共同所有：（一）工资、奖金和其他劳务报酬；（二）生产、经营、投资的收益；（三）知识产权的收益；（四）继承或者受赠的财产，但是本法第一千零六十三条第三项规定的除外；（五）其他应当归共同所有的财产。"该条款基本上沿袭了《婚姻法》第十七条第一款的规定，这也说明我国的夫妻法定财产制为婚后所得共同制，即除法律另有规定外，婚姻关系存续期间夫妻一方所得或共同所得的财产均为夫妻共同共有。下面对该条款确定的夫妻共同财产的范围逐一分析。

（一）工资、奖金和其他劳务报酬

与《婚姻法》第十七条第一款第一项相比，《民法典》第一千零六十二条增加了其他劳务报酬作为夫妻关系存续期间的共同财产。从概念的周延性上讲，工资一般是指劳动关系中用人单位支付给员工的薪酬，不包括劳务关系的给付的报酬。因此，增加"其他劳务报酬"的表述实际上填补了涉及劳务关系部分的内容。另外，实践中，工资、奖金、劳务报酬可能跨越离婚阶段，因此在性质认定或分割问题上存在不少争议。法院一般以"离婚时是否能够确定取得"为判断一方财产是否为夫妻共同财产的依据。以奖金为例，在肖某与刘某离婚后财产纠纷[1]案中，法院认为，被告虽然是在2016年4月双方离婚后获得年终

---

[1] 北京市朝阳区人民法院（2018）京0105民初58148号民事判决书。

奖和十三薪，但该部分金额属于2015年双方离婚时确定能够取得但尚未获得的金额，应当依法分割。

（二）生产、经营、投资的收益

夫妻关系存续期间生产、经营、投资所得的收益属于夫妻共同财产，而不区分是以个人名义生产、经营还是以夫妻名义共同生产经营，这在实践中已经达成共识。对比该项与《婚姻法》第十七条，该项增加了"投资的收益"作为共同财产的内容，这是吸收了原《婚姻法解释二》之内容的体现。《婚姻法解释二》第十一条规定："婚姻关系存续期间，下列财产属于婚姻法第十七条规定的'其他应当归共同所有的财产'：（一）一方以个人财产投资取得的收益；……"结合《民法典》的该项内容与司法解释的内容，应当可以确认，投资的收益无论是以个人财产投资还是以夫妻共同财产投资，都应属于夫妻共同财产。

关于此项规定，其实对于婚前已经持有公司股权的人士不太公平。因为婚前投资取得的公司股权，本身不因婚姻关系的存续而成为夫妻共同财产；但是这些股权在婚姻关系存续期间取得分红等投资收益，则属于夫妻共同财产，即使对方没有任何贡献，也可以坐享其成，同时也不承担任何股权贬值的风险。简单归纳一下，即如果一方婚前投资或持股，那么婚后另一方不需要任何投入，也不承担任何风险与损失，依然能获得持股分红的一半。

(三) 知识产权的收益

《民法典婚姻家庭编司法解释（一）》第二十四条规定："民法典第一千零六十二条第一款第三项规定的'知识产权的收益'，是指婚姻关系存续期间，实际取得或者已经明确可以取得的财产性收益。"从该条的内容看，知识产权的收益并不是指知识产权本身的潜在价值，而是指在具体的某项交易中获得或确定取得的收益。举例来说，如果某先生在婚姻关系存续期间创作了一个画作，这个画作的版权属于个人，但是如将此画作的版权授权给商家做衍生品所取得的许可费，则是夫妻共同财产。专利的授权费、音乐著作权授权费也是一样的逻辑。

因此，假如某位作家一本书稿创作完成却躺在抽屉中未能取得任何经济收益，其在离婚诉讼中是无法被分割的。

知识产权的收益在我国现阶段离婚案件中纠纷并不多。但随着文化产业的发展，知识产权收益相关的问题可能会有更多实务案例出现。

(四) 继承或者受赠的财产，但遗嘱或赠与合同确定归一方所有的除外

《民法典》第一千零六十二条与第一千零六十三条明确规定："继承或受赠的财产，若遗嘱或赠与合同确定归一方所有，则为一方的个人财产；若并未明确表示归一方所有，则为夫妻

共同财产。"从这两项原则来看，实际上是对继承或者受赠的财产中赠与意思的推定，即在遗嘱或赠与合同未确定归一方所有的情形下，单纯的赠与行为推定为赠与夫妻二人。而意思表示又包含明示或默示两种，那么"遗嘱或者赠与合同中确定只归夫或者妻一方的财产"是否要求必须在遗嘱或赠与合同中明示赠与一方？就目前检索的案例看，该种意思表示并不一定需要明示，在有证据证明该赠与意思表示是针对一方的情况下，该赠与财产也会被认定为个人财产。例如，在魏某与赵某离婚纠纷[①]案中，法院认为：

> 根据《婚姻法》的规定，遗嘱或赠与合同中确定只归夫或妻一方的财产，离婚时应认定为夫妻一方的财产。赠与合同是赠与人将自己的财产无偿给予受赠人，受赠人表示接受赠与的合同。当事人订立合同，有书面形式、口头形式和其他形式。该案中，赵某父亲给赵某54万元，由赵某对自己购买的海淀房屋还款，赵某父亲的真实意思表示应当是对赵某个人的赠与。赵某在收到父亲赠与的54万元之后，将该款项用于偿还自己购买的海淀房屋的贷款。以上事实可以说明，赵某与其父亲就该54万元的赠与有共同的意思表示，该54万元应当视为赵某父亲对赵某个人的赠与。

另就"遗嘱或者赠与合同中确定只归夫或者妻一方的财产"

---

① 北京市第一中级人民法院（2013）一中民终字第13434号民事判决书。

的表述来看,该条强调了"确定只归属于一方"。而基于夫妻婚后所得共同制与家事代理权等缘由,仅将夫妻一方列为遗嘱继承人或赠与合同受赠人而未有其他意思表示,则其所取得的财产难以被认定为个人财产。

例如,在冯某与尹某离婚纠纷①案中,法院认为:

"《中华人民共和国婚姻法》第十七条第(四)项规定:'夫妻在婚姻关系存续期间所得的下列财产,归夫妻共同所有:(四)继承或赠与所得的财产,但本法第十八条第三项规定的除外',由该条规定可以看出,原告与被告婚后继承原告母亲遗产所得的 $157.644m^2$ 房屋,一般而言应归原、被告夫妻共同所有,除非有该法第十八条第三项规定的情形。该法第十八条第(三)项规定:'有下列情形之一的,为夫妻一方的财产:(三)遗嘱或赠与合同中确定只归夫或妻一方的财产',第十八条第(三)项是对第十七条第(四)项一般性规定明确的除外情形,对除外情形的适用规定了严格的条件,那就是必须要在遗嘱或赠与合同中确定'只'归夫或妻'一方'的财产,注意条文中的'只''一方'的用词,是对除外条件严格适用的重复和强调,对照邓某遗嘱中'将该房产留赠冯某'的内容,并未出现这样的用词或相近意义的用词。因此邓某遗嘱只能适用该法第十七条第(四)项规定的一般性条文,不适用第十八条第

---

① 四川省内江市中级人民法院(2016)川 10 民终 370 号民事判决书。

(三）项的除外性条文，原告继承母亲遗产所得的157.644m² 房屋，属于与被告婚后所得的财产，应归原、被告共同所有。"

对比两个案例可以看出，在认定继承或受赠的财产性质时，若遗嘱或赠与合同并未明确表示属于夫或妻的一方财产，且未能有证据证明其意思表示是赠与夫或妻个人的情况下，该继承或受赠财产被认定为夫妻共同财产。

四、法定财产制下个人财产的认定

《民法典》第一千零六十三条规定："下列财产为夫妻一方的个人财产：（一）一方的婚前财产；（二）一方因受到人身损害获得的赔偿和补偿；（三）遗嘱或者赠与合同中确定只归夫或者妻一方的财产；（四）一方专用的生活用品（五）其他应当归一方的财产。"该条明确了个人财产的认定原则，除本条第三项"（三）遗嘱或者赠与合同中确定只归夫或者妻一方的财产"的内容已在"夫妻财产认定原则"一节阐述外，下面对其他几项内容做出相应的分析。

（一）一方的婚前财产

我国婚姻财产制度是以夫妻婚后所得共同制为基础，那么，对于夫妻结婚之前任一方的个人财产，其性质在无相应意思表示或法律规定的情况下,不发生改变,兹无疑义。但是由于一方的婚前财产并不一定保持原有的形态,其可能在相应的交易、事件中被置换成另一形态的财产,该置换财产在性质上也应当厘清。《北京市高级人民法院关于审理婚姻纠纷案件若干疑难问题的参考意见》第十二条规定:"双方对婚前个人财产归属没有约定的,该财产不因婚姻关系的持续或因财产存在形态的变化而转化为夫妻共同财产。"按照北京高院该条的规定,个人财产因形态的变化而取得的财产仍属于个人财产,这种观点也是实践中的主流观点。例如,在杨某与李某离婚纠纷案①中,法院认为,邯郸市金世纪新城2号楼12层02号商品房从李某提交的证据看,系李某用其个人存款购买,均登记在李某名下,故该房产属于李某的个人财产在婚后财产形态的转化,仍为其个人财产。在王某1与王某2、王某3等分家析产纠纷②案中,法院认为:"南园路11号6幢402室房屋为徐某的个人财产,徐某之后将该房出卖,所得款81万元是该房财产形态的转化,亦属于其个人财产。"

然而,《民法典婚姻家庭编司法解释(一)》第二十五条明确规定一方以个人财产投资取得的收益属于夫妻共同财产。在区别财产形态转化后取得的收益是否为夫妻共同财产还应审视该行为是否为投资行为。例如,在李某、黄某债权人撤销权纠

---

① 河北省邯郸市中级人民法院(2015)邯市民一终字第164号民事判决书。
② 江苏省南通市崇川区人民法院(2016)苏0602民初3751号民事判决书。

纷①案中，法院认为，即便如李某、黄某所言，建设涉案房屋的资金全部来自于李某的婚前个人定期存款，但是其将资金转换为房屋的过程，不仅是财产形态的变化，还有投资以使得现金资产加快增值的情形。李某、黄某在该案诉讼中称涉案房屋市场价值60余万元，与其所投入的建设资金10多万元相比较，扣除土地使用权的因素也有大幅度的增值。该增长幅度已经远远超过建设资金"孳息和自然增值"的增值幅度。因此，无论是根据最高人民法院《关于适用〈中华人民共和国婚姻法〉若干问题的解释（二）》第十一条第一款第一项"一方以个人财产投资取得的收益"，还是最高人民法院《关于适用〈中华人民共和国婚姻法〉若干问题的解释（三）》第五条"夫妻一方个人财产在婚后产生的收益，除孳息和自然增值外，应认定为夫妻共同财产"的规定，涉案的房屋在增值部分应当认定孙某作为李某配偶享有共有权。

而在刘某与王某离婚纠纷②中，法院认为，该案原、被告之间并未约定本市某某室房屋在婚后为夫妻共同财产，故该房屋变价后的资金人民币7.8万元的性质仍为被告个人财产。对于该个人财产因购买房产而产生的增值是否属于投资收益，法院认为，因为被告购买该房屋系为个人居住使用，是为满足基本的生活需求，并非投资理财行为，故其增值部分不属于《婚姻

---

① 广东省惠州市中级人民法院（2018）13民终632号民事判决书。
② 江苏省徐州市鼓楼区人民法院（2014）鼓民初字第1820号民事判决书。

法司法解释（二）》中规定的"一方以个人财产投资取得的收益"，不应认定为夫妻共同财产，仍应当属于被告的个人财产。

从上述两案可以看出：在个人财产形态变化是否属于投资行为的问题上，法院的判断标准有所不同。有的法院以自然增值、孳息为标准，判断该财产形态变化是否引起大幅增值而超过一般的自然增值、孳息，若超过一般的自然增值、孳息，则认为投资行为；有的法院则是从侧面论证该财产形态变化是否为生活用途，若不为生活用途，则被认定为投资行为。相较而言，后一种观点更符合生活逻辑，判断的标准也更客观。

（二）一方因受到人身损害获得的赔偿和补偿

由于人身损害赔偿具有一定的人身属性，是针对特定人的赔偿或补偿，亦不是由于劳动或生产经营所得，因此，《民法典》"婚姻家庭编"延续原《婚姻法》的做法，将其归于一方所有。与原《婚姻法》第十八条①的规定相比，该项的表述有所变化，即从"一方因身体受到伤害获得的医疗费、残疾人生活补助费等费用"改为"一方因受到人身损害获得的赔偿和补偿"。从内容上看，该法条更加明确了侵害人格权获得赔偿和补偿属于个人财产，同时也贯彻了人身专属性的财产属于个人财产的理念。

---

① 《婚姻法》第十八条："有下列情形之一的，为夫妻一方的财产：（一）一方的婚前财产；（二）一方因身体受到伤害获得的医疗费、残疾人生活补助费等费用；（三）遗嘱或赠与合同中确定只归夫或妻一方的财产；（四）一方专用的生活用品；（五）其他应当归一方的财产。"

(三) 一方专用的生活用品

对于夫妻一方专用的生活用品，法律将其确定为一方的个人财产。然而对"一方专用的生活用品"如何认定，法律并没有给出相关的概念或认定标准，因此，实践中对于"一方专用的生活用品"存在认定界限模糊的问题，目前基本达成一致的是，对于不动产、汽车、金钱等物，应当不属于"一方专用的生活用品"。而个人的衣物、手机等物件一般认定为一方专用的生活物品。从对"一方专用的生活用品"的认定上说，应具备以下两个要素：第一，具有生活用途，该物品一般仅供于日常生活所需，这与投资行为等相区分；第二，具有专用性质，该物品一般仅为夫妻一方使用，具有私人专用的属性。

实践中，在对上述两个要素的判定上，不同案例可能会出现明显差异。以首饰为例，有法院认定首饰为一方专用的生活用品，例如：在宋某某与马某某离婚纠纷案[①]中，法院认为，对于双方首饰的分割问题，依据《婚姻法》的规定一方专用的生活用品为夫妻一方的财产，金银首饰虽不是通常意义上的生活用品，但因其专用性质，应归使用者个人所有。该案中原告的钻戒归原告，被告的项链、手镯、钻戒归被告所有。在任某与李某甲离婚纠纷案[②]中，法院认为，《婚姻法》第十八条规定，

---

① 辽宁省抚顺市东洲区人民法院（2017）辽0403民初1504号民事判决书。
② 辽宁省大连市中级人民法院（2015）大民一终字第01624号民事判决书。

有下列情形之一的，为夫妻一方的财产，其中第四项为一方专用的生活用品。一审查明的金戒指一枚、金手镯一个、二十多克金项链一条以及女士订婚钻戒均是李某甲婚前购买，在结婚时给予任某，一条十多克金项链和一个K金吊坠是在双方婚姻关系存续期间李某甲为任某购买的，应当属于任某的个人财产。

也有法院认为，首饰并非普通的生活用品，因其兼具保值等功能且价值较高，应认定为夫妻共同财产。例如，在穆某与石某离婚纠纷案①中，法院认为，该钻戒虽系在婚姻关系存续期间石某为穆某购买的女士钻戒，但由于该3.8万元的钻戒价值较高，且除佩戴外具有保值功能，并非单纯的生活用品，并且考虑到该钻戒的购买时间为2013年12月，即穆某已有离婚意愿、双方谈论离婚之后，故原审法院将该钻戒作为夫妻共同财产予以分割应属合理。在贾某与张某离婚纠纷②案中，法院认为，贾某虽主张首饰系其个人财产，但未就其主张进行举证，考虑到首饰价值较大，不属于夫妻一方专用的生活用品，应按夫妻共同财产处理。

从上述案例可知，对于认定涉案首饰是否为一方专用的生活用品的问题，各法院的看法不一，法院在审查前述两个认定要素之外，还会考量首饰价值的影响。若首饰价值较高，则可能基于公平的考量，认定其为夫妻共同财产。

---

① 北京市第二中级人民法院（2014）二中民终字第08270号民事判决书。
② 北京市昌平区人民法院（2015）昌民初字第258号民事判决书。

五、两种特定财产类型性质认定

前面对夫妻共同财产认定的原则以及个人财产的认定原则进行了分析，但由于夫妻财产的范围、时间以及当事人的意思表示等情况纷繁复杂，仅结合法条论述夫妻共同财产与夫妻一方财产的认定原则尚不清晰，下面只针对两种特定的财产类型进行举例分析。

（一）房产

房产的权属认定与性质认定一直是婚姻纠纷中的争执重点，而畸高的房价导致一般人难以独立购买房屋，因此夫妻在买房时或偿还房屋贷款时，购房款项可能来自多方，这也为房产的性质认定与权属认定带来了不小困难。现分析两种常见的房产性质。

第一，夫妻一方婚前买房登记在该方名下，婚后共同还贷。一方婚前买房登记在该方名下，婚后共同还贷是一种常见类型，具体表现为夫妻一方在婚前购买房屋登记在该方名下，婚后用夫妻共同财产偿还房贷。对于该种情形，《民法典婚姻家庭编司法解释（一）》第七十八条规定："夫妻一方婚前签订不动产买卖合同，以个人财产支付首付款并在银行贷款，婚后用夫妻共同财产还贷，不动产登记于首付款支付方名下的，离婚时该不动产由双方协议处理。依前款规定不能达成协议的，人民法院可以判决该不动产归登记一方，尚未归还的贷款为不动产登记一方的个人债务。双方婚后共同还贷支付的款项及其相对应财产增值部分，离婚时应根据民法典第一千零八十七条第一款规定的原则，由不动产登记一方对另一方进行补偿。"

就《民法典婚姻家庭编司法解释（一）》第七十八条的内容而言，该条确定了协议处理优先，协议不成房屋产权及房贷归登记方所有或承担，另一方获得婚后共同还贷支付的款项及其相对应财产的增值部分，从效果上说，该条的处理体现了一定的公平性。但在深究之下可知，最高人民法院并没有对房屋产权的性质进行定性，仅是对房产及婚后共同还贷的款项作了共同的处理。《民法典》生效之前，最高人民法院民事审判第一庭（以下简称"最高法民一庭"）认为，《婚姻法解释三》第十条适用情形下的房产性质既不完全属于夫妻共同财产，也不完全属于婚前个人财产，应当从购置资金上划分：①婚前首付款及其个人于结婚前偿还的贷款，应为购房者的婚前个人财产；② 夫妻关系存续期间的夫妻共同还贷对应的部分应为夫妻共同财产；③离婚时贷款尚未还清的部分应由离婚后取得房屋所有权的一方承担。[①] 虽然该法条的适用效果已经尽可能平衡了夫妻间的利益，保证了一定的公平性，但本书认为最高法民一庭在

---

① 参见最高人民法院民事审判第一庭：《最高人民法院婚姻法司法解释（三）理解与适用》，北京：人民法院出版社，2015年第2版，第159页。

房屋性质认识上并不妥当，主要理由如下：其一，就买卖合同当事人、房屋登记以及借贷关系而言，买卖合同当事人为夫妻一方且在婚前完成交付登记于该方名下，房屋价款也用借银行的钱款悉数给付，故房屋应当属于该方的个人财产。以夫妻共同财产还贷实际上是在履行与银行形成的借贷关系中的还款义务，而非买卖合同义务。其二，购房款的来源认定错误，购房款均为购房者的个人财产，其中部分来源于银行贷款但已归属于购房者所有。购房者在该部分获得银行贷款同时，也承担了还款的义务。其三，法条解构时认识错误，若认为夫妻关系存续期间的夫妻共同还贷对应的部分房产为夫妻共同财产，则表述为"双方婚后共同还贷支付的款项及其相对应财产增值部分"不甚妥当。该部分共同还贷款项对应部分房产若为夫妻共同财产，那么还贷部分应当为该部分房产取得权利的对价，进而不应对丧失的对价部分进行补偿，而是对双方婚后共同还贷支付的款项对应的房产的价值进行补偿，因为分割的是夫妻共同财产，而非失去的对价。因此，表述为对"双方婚后共同还贷支付的款项"补偿，其本质视为夫妻一方向对方"借钱"来偿还婚前的房屋贷款，并且在离婚的时候进行偿还。考虑到过去房价一直涨价的现实，在计算上并不限于"本金"，也包括该本金形成的"增值溢价"。这种计算方式，体现了司法机关的实质公平主义观。所以一方婚前购房登记在该方名下，婚后共同还贷的房产仍属于个人财产，除补偿双方婚后共同还贷支付的款项外还补偿相对应财产增值部分，实际上是考虑到中国国情以及公平考量作出的选择。

第二，父母出资购房。《民法典婚姻家庭编司法解释（一）》第二十九条规定："当事人结婚前，父母为双方购置房屋出资的，该出资应当认定为对自己子女个人的赠与，但父母明确表示赠与双方的除外。当事人结婚后，父母为双方购置房屋出资的，依照约定处理；没有约定或者约定不明确的，按照民法典第一千零六十二条第一款第四项规定的原则处理。"同时，在《民法典》生效之前，原《婚姻法解释三》第七条也规定："婚后由一方父母出资为子女购买的不动产，产权登记在出资人子女名下的，可按照婚姻法第十八条第（三）项的规定，视为只对自己子女一方的赠与，该不动产应认定为夫妻一方的个人财产。由双方父母出资购买的不动产，产权登记在一方子女名下的，该不动产可认定为双方按照各自父母的出资份额按份共有，但当事人另有约定的除外。"该两条明确了父母出资购房情形下的出资或房产属性，而在判定出资或房产属性时，主要考虑出资时间、登记情况、父母出资情况等。具体而言，通过解析该两条，可以分化出判断房产属性的具体规则：①房产登记于夫妻双方名下时，应注意出资时间。若父母出资在婚前，则夫妻双方按双方父母的出资额按份额共有该房产；若父母出资在婚后，则该房产为夫妻共同共有。具体言之，父母出资在婚前，按《民法典婚姻家庭编司法解释（一）》第二十九条第一款的规定,该出资应当视为对自己子女的赠与。因此用该出资取得房屋,实际上是由双方个人财产支付,应当成立按份共有的关系。而父母出资在婚后,由于夫妻婚后所得共同制,在没有明确表示赠与一方的情况下,该出资按《民法典婚姻家庭编司法解释(一)》第二十九条第二款的规定应认定为赠与夫妻双方,由该出资的取得房产也应当为夫妻共同共有。②房产登记于夫妻一方名下时,无论是婚前还是婚后,该出资取得的房屋为夫妻双方按照各自父母的出资份额按份共有。

(二) 期权及股权激励

期权作为股权激励中的一种,在上市公司及互联网企业中的应用越来越广泛。期权及其他类型的股权激励是否构成夫妻共同财产,及在离婚之时如何分割,在司法实践中出现了一些不同的观点。

股票期权是指上市公司授予激励对象在未来一定期限内以预先确定的条件购买本公司一定数量股份的权利。关于股票期权的规范性文件主要是2018年修正的《上市公司股权激励管理办法》,以及2018年中国证券监督管理委员会颁布的《关于试点创新企业实施员工持股计划和期权激励的指引》。

从期权与劳动关系及任职紧密相关的特点来看,将期权视为劳动所得的一种进而认定为夫妻共同财产,从原则上看并无争议。但是期权是一种非常特殊的财产,存在财产方面的不确定性，以及与被授予人密切的人身关联性。因此，在离婚诉讼中期权往往成为颇受争议的焦点问题。

第一，关于期权及其行权产生的收益是否属于夫妻共同财产的问题。

在北京市海淀区人民法院审理的高某与刘某离婚后财产纠纷案件[1]中，双方就刘某二审期间取得的股票期权是否是夫妻共同财产发生争议。对此，法院认为："首先，股票期权是刘某公司作为激励机制而赋予员工有条件地购买本企业股票的资格，是一种期待权，并不是具有确定价值的财产性权益。因此，股票期权因其期待权的特性，不能确定将来是否获得财产权利及获得财产权利的多少；其次，刘某持有的期权转化为可实际取得财产权益的股票，必须以员工在公司工作时间的积累为前提条件，具有一定的人身特性。刘某要将其期权行权，需要考核2012、2013、2014年的业绩，并支付一定的对价；最后，刘某所持有的期权分别进行三次行权，其中在2012年，即婚姻存续期间，因考核不合格而被注销。此后的行权资格考核的是双方离婚后刘某的业绩，且行权的出资亦由刘某婚后个人财产予以支付。综上，刘某现持有的本公司的股票不属于夫妻共同财产，高某主张分割上述财产，于法无据，本院不予支持。"这个案件存在这一定的特殊性，即行权的出资属于刘某婚后个人财产，但同时法院也确定了期权的期待权的特性，具有很大的不确定

---

[1] 北京市海淀区人民法院（2016）京0108民初34393号民事判决书

性，进而确定不予分割。

第二，在认定股票期权属于夫妻共同财产的案件中还有如何分割的具体问题。司法实践中，由于股票期权具有人身属性，一般法院不支持直接分割股票，而是通常采取折价分割的方式。

例如，在河北省迁西县人民法院审理的李某与侯某离婚后财产纠纷案件①中，法院认为："被告侯某在与原告李某婚姻关系存续期间即2009年12月获得的D集团授予的购股权共130 000股，其性质为股票期权，属于夫妻共同财产。因股票期权具有人身性，由公司授予特定范围内员工，对原告要求分割被告获得股权期权130 000股中78 000股的诉讼请求不予支持。被告应按照取得股票期权的实际收益款，向原告支付相应价款。"

在上海市徐汇区人民法院审理的陶某与佘某某离婚纠纷案件②中，法院认为："目前T公司授予原告的1 171股限制性股票已可以按现时股价行权，该部分财产应当予以分割，鉴于原告以该公司员工身份取得上述股权，本院无法对上述股权份额予以分割，故本院参考该股现行市值，判令原告一次性支付被告股权折价款20万元。"

第三，境外公司授予的期权在境内的离婚诉讼中存在举证

---

① 河北省迁西县人民法院（2018）冀0227民初617号民事判决书。
② 上海市徐汇区人民法院（2013）徐民一（民）初字第3657号民事判决书。

困难、法院查明困难的问题。例如,在秦某与张某离婚纠纷[①]一案中,上海市普陀区人民法院认为:"被告持有单位授予在美国证券市场交易的期权股票,由于这些股票系境外上市,相关事实无法查明,且原告未举证证明上述股票已变现,故对该股票,本院不作处理。"

综上所述,期权原则上属于夫妻共同财产,但无论是在夫妻共同财产的认定、具体的金额分割,以及在诉讼中的举证等,都存在很大的特殊性,应视具体情况分析。例如,法院会考虑期权授予的时间到底在婚前还是在婚后,被授予的期权是否有某些限制性条件(例如竞业禁止、服务期限等)、用于行权的资金是婚前财产还是婚后财产、期权是否能行权等因素,然后综合所有因素予以确定。现阶段立法并未明文规定,基本都是法官基于多种因素考虑后予以自由裁量酌情确定。

第二节 夫妻共同债务

一、夫妻共同债务的类型

夫妻有形成共同财产的可能性,也意味着有形成共同债务

[①] 上海市普陀区人民法院(2010)普民一(民)初字第657号民事判决书。

的可能性。现行《民法典》"婚姻家庭编"第一千零六十四条列举了几种夫妻共同债务的基本类型。该条规定主要适用以夫妻一方或双方负担的借款为典型的共同债务,如果夫妻一方因侵权行为(如开车造成交通事故)而负担的债务是否构成夫妻共同债务,立法并没有直接规定。

根据《民法典》"婚姻家庭编"第一千零六十四条的规定,夫妻共同债务主要包括:

第一,夫妻双方共同签名或者夫妻一方事后追认等共同意思表示所负的债务,即所谓合意型夫妻共同债务。最常见的就是夫妻双方在借条上共同签字形成的民间借贷,也包括补签借条、出具还款方案等追认形式的。该条规定的反面解释是如果另一方未签字的,那么主张为夫妻共同债务的可能性就大大降低。这一规定原则上大大降低了"被负债"的可能性。

第二,夫妻一方在婚姻关系存续期间以个人名义为家庭日常生活需要所负的债务,主要是指金额有限并且用途为正常的衣食住行消费、医疗费用、子女教育费用等;也包括赡养父母老人的费用。

第三,夫妻一方在婚姻关系存续期间以个人名义负担的超出家庭日常生活需要,但用于夫妻共同生活、共同生产经营的债务,即共同生活、共同生产经营型的夫妻共同债务。这一类型债务的举证人在于债权人,即债权人需要证明这些钱用于夫妻共同生活、共同生产经营。用于共同生活,典型的例子包括用于偿还共同居住的房屋贷款,用于租赁房产。现实中,共同生活的范围及用途有限,并且金额也相对有限,因此很少发生争议。

二、夫妻共同债务的三种特别情形

(一) 非法债务不予承认

根据《民法典婚姻家庭编司法解释(一)》第三十四条,夫妻一方与第三人串通,虚构债务,第三人主张该债务为夫妻共同债务的,人民法院不予支持。夫妻一方在从事赌博、吸毒等违法犯罪活动中所负债务,第三人主张该债务为夫妻共同债务的,人民法院不予支持。

从举证责任的角度看,需要配偶来举证夫妻一方债务为"一方在从事赌博、吸毒等违法犯罪活动中所负债务",因此举证责任的压力并不小。例如,男方在赌博中欠下钱,向配偶说是在生意往来中欠下的,由于女方不可能监督男方的所有活动,因此往往无法证明这笔钱到底是否属于非法债务。这种举证责任所承担的风险确实是婚姻所涉及的配偶人品风险在财务上的体现。

(二) 分居期间的债务

如果夫妻双方处于分居状态,夫妻一方债务从司法实践来看被认定为夫妻共同债务的可能性大大降低。例如，在"上诉人高某、王某与被上诉人何某返还原物纠纷一案"① 一案中，二审法院认为：该案王某与高某的股权转让协议签订于王某与何某夫妻关系恶化且双方分居期间，王某、何某无共同生活的事实。事后，何某亦未对高某与王某签订的股权转让合同予以追认。王某、何某的夫妻关系有异于正常的夫妻状态，对此高某是知情的，这一点从（2014）鞍民三终字第58号民事判决确认高某与王某之间的股权转让协议无效中，对高某不构成善意取得的认定中可以认证。对于股权转让款是否用于双方共同生活的问题，在双方缺乏共同生活的前提下，王某作为利害关系人对所收取的股权转让款用于共同生活的陈述，没有充分证据予以证明，不能作为认定事实的依据。

上诉案例的裁判观点为主流观点。很多法院在初步认定了夫妻"分居"之后，往往会进一步认定夫妻之间是否因分居而丧失了共同生活与共同经营的基础，因此对于夫妻一方债务只要另一方未签字或者事后追认，就不会被认定为夫妻共同债务。

（三）侵权责任

侵权责任是指一方因故意或者过失造成第三方损害，因此形成的赔偿责任。典型的案例为开车造成车祸因而需要承担赔

---

① （2018）辽03民终1371号。

偿责任。

对于夫妻共同生活存续期间因一方对第三方的侵权形成的债务，是否属于夫妻共同债务？这个问题现行立法并无直接规定，但是部分司法判决写得非常清晰。例如，在"齐某、刘某等与程某等机动车交通事故责任"[①]一案中，被告程某无证驾驶无牌两轮轻便摩托车与齐某持"C1"证驾驶的无牌两轮轻便摩托车碰撞肇事，致被告程某、齐某受伤，车辆损坏，齐某经抢救无效死亡，肥城市公安局交通警察大队认定被告程某承担事故的主要责任，齐某承担事故的次要责任。关于这笔赔偿款的责任主体，法院认为："对于本案的赔偿责任主体，应根据肇事车辆运行支配和运行利益的归属予以确定。对于运行利益的认定，除了经济利益之外，还应当包括机动车的运行为家庭带来的生活便利等。因此，通常情况下夫妻购买的家庭用车的运行利益应当视为夫妻共享所产生的侵权之债，应由夫妻共同承担。本案中，被告程某驾车去接孩子是为了家庭共同生活，车辆的运行利益应视为夫妻共享，途中因发生交通事故所产生的侵权之债，与家庭共同生活具有关联性，是为家庭共同生活所致，应由夫妻共同承担。被告刁某与被告程某虽然现在已离婚，但因该侵权之债发生在被告程某与被告刁某婚姻关系存续期间，被告程某驾驶的车辆系双方夫妻关系存续期间所购买，属于夫妻共同财产，事故发生时，双方均为该车辆的运行支配者及运

---

① （020）鲁0983民初2516号。

行利益的归属者,基于家庭共同生活的需要以及对夫妻共同财产的管理、使用、收益、处分而形成的债务,应属于夫妻共同债务,应由夫妻双方共同承担。"

在诸多案件中,法院在判定侵权损害赔偿责任是否属于夫妻共同债务之时,往往会综合考虑事故车辆是否用于夫妻日常生活或者家庭生产经营活动;事故车辆是否系满足家庭生活基本需要;事故车辆是否为家庭带来利益等因素。因此对于打架斗殴等的侵权责任,则由当事人自己承担,不会变成夫妻共同债务。

第四章 夫妻共同财产之股权

第一节 股权归属的基本认定规则

无论是个人婚前的股权、个人婚后出资取得的股权还是夫妻婚后共同出资取得的股权,依照我国《民法典》"婚姻家庭编"的相关规定都易与夫妻共同财产相关联,而对以上三种情况的股权,法院在认定股权转让合同效力及行为效力的思路上略有区别。

一、婚前个人股权

《民法典》第一千零六十三条规定了夫妻一方的财产，其中明确了一方的婚前财产属于夫妻一方的个人财产，因此就股权而言，婚前个人股权应当在婚后仍归属于个人。而《民法典婚姻家庭编司法解释（一）》第二十六条规定："夫妻一方个人财产在婚后产生的收益，除孳息和自然增值外，应认定为夫妻共同财产。"因此，婚前个人股权在婚后产生的收益中，除孳息和自然增值外，属于夫妻共同财产。最高法民一庭在对该法条进行解读时，认为夫妻一方个人财产所产生的收益应当包含孳息、投资收益和增值三种类型，而涉及股权的主要是增值。就增值而言，该条的增值采用的是其狭义的概念，即与孳息、投资收益并列，仅指所涉及的物或权利增加的利益与原物或原权利并未分离。而根据发生原因的不同，增值进一步可以分为自然增值与主动增值，前者是指该增值的发生是因为通货膨胀或市场行情的变化而致，后者是指其增值的发生与通货膨胀或市场行情无关，与夫妻一方或双方对该财产所付出的劳务扶持、投资、管理相关。落实到股权和该条款，婚前个人股权在婚后的主动增值应当属于夫妻共同财产，故在此情形下，婚前个人股权在婚后与夫妻共同财产发生了勾连。

二、婚后个人出资取得的股权

夫妻一方财产所产生的收益应当包括孳息、投资收益和增值。《民法典婚姻家庭编司法解释（一）》第二十五条也明确了一方以个人财产投资取得的收益为夫妻共同财产。从投资的含义来讲，投资是企业或个人以获得未来收益为目的，投放一定量的货币或实物，以经营某项事业的行为。最高法民一庭在解释该条时采用了投资的狭义概念，将其限制为"将货币和实物投放于企业以获得利润"。落实到婚后个人出资取得股权的行为来说，婚后个人以个人财产出资取得股权的行为应当被认定是一种投资行为。因此，尽管个人股权是以个人财产出资，但其通过股权投资获取的投资收益仍属于夫妻共同财产。

三、婚后夫妻共同出资取得的股权

在夫妻以夫妻共同财产出资取得股权时，其行为本质上是以夫妻共同财产共同投资的行为，因此股权的价值和收益都应属于夫妻共同财产，并无疑义。但是当股权登记于一方名下时，该股权是否属于共同财产，在司法实践中仍有争议。例如，在金某上诉张某等确认合同无效纠纷案[①]中，法院认为股权应当属

[①] 北京市第一中级人民法院（2016）京01民终3393号民事判决书。

于登记股东,而股权的财产价值应当属于夫妻共同财产,该法院阐述:"《婚姻法》第十七条虽规定,夫妻在婚姻关系存续期间所得的生产、经营的收益归夫妻共同所有。但股权的取得兼具有人合基础,与股东自身密切相关,股权是集身份、财产与管理等权利于一体的一种独立的、综合性的权利形态,股东资格并不构成共有对象,同时股权变动涉及公司、其他股东甚至第三人的利益,故股权具有的不同于其他夫妻共同财产的特点,对于夫妻关系存续期间夫妻一方所取得的股权,如依法确认具有夫妻共同财产性质,非股东配偶所享有的应是股权所带来的财产利益,而非股权本身。"持该类观点的还有张洪杰、李殿忠确认合同无效纠纷[①]等判决。但是也有法院认为,婚后夫妻共同出资取得股权就是夫妻共同财产,与登记在谁名下无关。例如,在邢某等与尤某A确认合同无效纠纷[②]案中,法院认为,涉案股权系邢某与尤某A婚姻存续期间取得,为夫妻共同财产。

综上所述,对于婚后夫妻共同出资登记于一方名下的股权所产生的价值和收益,应当属于夫妻共同财产,这一点是确定的。

---

① 辽宁省高级人民法院(2017)辽民终1170号民事判决书。
② 北京市第二中级人民法院(2015)二中民(商)终字第03536号民事判决书。

第二节　股权单方处分的后果

一、婚前个人股权婚后转让

就物权而言，股权作为一种特殊物，其物权的变更应当经由法律行为或法律规定方可发生物权变动的效果。《民法典婚姻家庭编司法解释（一）》第三十一条规定："民法典第一千零六十三条规定为夫妻一方的个人财产，不因婚姻关系的延续而转化为夫妻共同财产。但当事人另有约定的除外。"因此，在当事人没有约定的情况下，婚前的股权应当仍属于一方的个人财产。但上文已有论述，若股权中包含主动增值部分，则其中的增值部分应当视为夫妻共同财产。因而在特定情况下，无论是对于登记股东而言还是对于登记股东的配偶而言，都存在相应的风险。对于登记股东而言，其在转让股权时可能涉及股权转让效力的问题，存在股权转让合同或行为归于无效的风险；对于登记股东的配偶而言，由于股权中可能存在增值部分，登记股东单方转让可能会使登记股东配偶的利益受损。

根据检索的案例，登记股东股权转让合同或行为无效的可能涉及两个原因：①可能因涉及无权处分而致使转让行为最终归于无效；②可能因涉及恶意串通损害他人合法权益而致使合同归于无效。虽然前面已经论及婚前个人股权应当在婚后仍属于一方的个人财产，但由于股权中在婚姻存续期间的主动增值部分属于夫妻共同财产，因而仍有被认定为无权处分的风险。根据检索的案例来看，此种被认定为无权处分的风险较小，法院一般认为该处分行为是有权处分。例如，在秦某与顾某A、顾某B股权转让纠纷①案中，法院认为，顾某A（登记股东）有权处分登记在其名下的佳飞公司股份。案涉股份系顾某A婚前取得，且登记在顾某A名下，其向顾某B转让股份的行为系有权处分，而非无权处分，不需要事先征求其配偶秦某的同意或者得到事后的追认。又如在金某上诉张某等确认合同无效纠纷②案中，法院认为，对于自然人股东而言，股权属于商法规范内的私权范畴，其各项具体权能应由股东本人行使，不受他人干预。在股权流转方面，我国《公司法》亦确认股权转让的主体为股东个人，而非其家庭。故张某作为际华新兴公司股东，有权决定是否转让其所持股份。在目前检索的案例中，涉及恶意串通损害他人合法权益成为登记股东配偶在诉请法院确认转让合同无效的主要依据，该依据的请求权基础在于《民法典》"合同编"第一百五十四条："行为人与相对人恶意串通，损害他人合法权益的民事法律行为无效。"。因为股权中的主动增值部分

---

① 江苏省无锡市中级人民法院（2018）苏02民终768号民事判决书。
② 北京市第一中级人民法院（2016）京01民终3393号民事判决书。

属于夫妻共同财产，所以登记股东在签订股权转让合同时势必涉及登记股东配偶的利益，法院可能基于该法条对案件进行审理，所以此种风险在实践中较为常见。

实践中法院分析是否存在"恶意串通，损害他人合法权益"的情形时，审查的要件主要有两个：①客观上是否损害他人合法权益；②主观上是否有恶意串通。在客观上是否损害他人合法权益的要件审查时，一般并不会因为股权中包含主动增值部分而直接认定转让行为损害他人合法权益，法院一般审查股权的转让方式以及成交价格。对于转让方式而言，主要审查是否通过赠与的方式转让股权，因为赠与方式不会存在股权转让的溢价，而股权中的主动增值部分属于夫妻共同财产，所以赠与方式在客观上存在损害他人合法权益的事实。对于成交价格的而言，主要审查股权的交易价格与实际评估价格之间差距。若交易价格与实际评估价格相差太大，则有可能被认定为存在客观上有损害他人合法权益的事实。然而，实践中由于存在创始股东的股权的成熟期等约定或限制，股权的内部转让价格可能会低于市场交易价格，故该种风险较为显著。在主观上审查恶意串通时，法院具体审查股权受让人是否明知该转让行为损害他人合法权益。尤其是转让行为发生于婚变期间（感情破裂、离婚诉讼等）时，法院对股权受让人的审查落实到对婚变知情的审查、合同签订时间上。若有证据证明股权受让人对婚变事实知情且合同签订于婚变之后，则有可能被认定为

"恶意串通"。

以具体案例为例，在沈某诉汤某A股权转让纠纷[①]案中，在认定是否为恶意串通损害他人合法权益时，法院认为，该案中股权的多位受让人均系汤某A的亲属，且发生在夫妻离婚诉讼期间，受让人在明知或应知夫妻感情发生变故却仍在未通知或征求沈某（登记为股东配偶）意见的情况下，与汤某A（登记股东）签订股权转让协议，且均以1万元的价款受让汤某A所持有的公司股份。无论该1万元是否实际支付，均不能以善意取得主张取得上述股权的所有权，况且汤某A和汤某B、余奥公司也均认可该价款明显过低。因此，汤某A与多位受让人应属恶意串通签订股权转让协议，损害了沈某的利益，依法同样应属无效。在此类案件中，购买股权的人如果是出售股权人的近亲属或者其他关系亲密者，自然是难逃恶意转让之嫌，往往会被法院认定为恶意串通损害配偶的经济利益；如果所支付的股权转让的对价较低，则是另外一个佐证。

但也有法院认为登记股东在有权处分股权的基础上，排除"恶意串通，损害他人合法权益"条款的适用，认为股权转让合同有效。例如，在潘某与李某A、李某B等确认合同效力纠纷[②]案中，法院认为：被告李某A的灯具厂股权系其婚前财产，即使婚后该股权有增值，原告也仅能在符合法律规定的情况下要

[①] 上海市第一中级人民法院（2016）沪01民终5969号民事判决书。
[②] 浙江省台州市椒江区人民法院（2016）浙1002民初7209号民事判决书。

求被告李某 A 就股权增值部分进行补偿，并不影响被告李某 A 合法处分其股份的权利，被告李某 A 仍可以将股权转让给他人，其转让的方式包括出卖和赠与等。在 2012 年 3 月 12 日和 2013 年 6 月 21 日签的两份股份转让协议中约定的合计 9 万元的转让价格，与被告李某 A 在案中陈述的灯具厂资产大致为 400 万元至 500 万元存在不对等，即便转让中有赠与的因素，也不能据此认定股权转让协议无效。综上所述，被告李某 A 转让股权后，在合法有据的情况下，原告有权要求被告李某 A 补偿股权婚姻存续期间的增值部分，不存在被告三人恶意串通损害原告利益的问题，原告的诉讼请求该院不予支持。

总结而言，婚前个人股权在婚后的转让，法院支持单方转让股权有效的案例较多，只有当个别案件有特别保护的理由，才予以否定。裁定的依据主要是婚前个人股权的个人财产性质。

二、婚后个人出资的股权转让

婚后个人出资取得的股权由于其性质与婚前个人股权的性质一致，但因为是婚后取得的投资收益属于夫妻共同财产。因此，婚前个人股权在婚后转让也存在风险。

对于婚后个人出资取得的股权转让最易发生的风险是个人出资不能举证。由于一方的婚前财产归其个人所有，婚后所得的财产一般认为是夫妻共同财产，在确定股权的性质时，股权取得的时间点成为判断是否为夫妻共同财产的重要依据。例如，在邢某等与尤某 A 确认合同无效纠纷①案中，法院认为，涉案股权系邢某与尤某 A 婚姻存续期间取得应为夫妻共同财产。实践中确实已经形成了推定婚后取得的股权为夫妻共同所有的规则。在此种情形下，若登记股东不能举证证明其股权由个人出资，则其股权有被认定为夫妻共同财产的风险，登记股东的转让行为及股权转让合同都有归于无效的风险。

三、婚后夫妻共同出资登记于一方名下的股权

鉴于实务中夫妻婚后共同出资登记于一方名下的股权性质尚有争议，因此在登记股东单方转让股权时，其效力争议也就随之而来。当股权本身被认定为夫妻共同财产时，对于登记股东单方是否有处分权的问题上存在较大争议，因此该种情形下的个人股权转让的行为会给登记股东和登记股东配偶都带来相应的风险。与婚前个人股权婚后转让情形相类似，登记股东股权转让合同或行为无效的也可能涉及两个原因：①无权处分而致使转让行为最终归于无效；②恶意串通损害他人合法权益而使合同归于无效。

相较于婚前个人股权婚后转让，婚后夫妻共同出资登记于一方名下的股权登记股东单方处分股权的行为因无权处分而归

---

① 北京市第二中级人民法院（2015）二中民（商）终字第 03536 号民事判决书。

于无效的可能性更高,因而对登记股东来说,其转让行为的风险更高。究其原因,主要是股权本身被认定为夫妻共同财产的可能性提高,转让行为被认定为无权处分的可能性也相应提高。例如:

在邢某等与尤某A确认合同无效纠纷[①]案中,登记股东的处分行为被认定为无效。审理法院认为,在夫妻婚姻关系存续期间取得的公司股权属于夫妻共同财产。《中华人民共和国婚姻法》第十七条第二款规定,夫妻对共有的财产,有平等的处理权。也就是说,未征求对方意见或者意见不一致的,另一方不得处分,擅自处分的就违反了夫妻共同财产关系的基本准则,构成无权处分。就该案而言,邢某(登记股东)将其名下的股权转让给尤某B,未征求配偶尤某A(登记股东配偶)的同意,属于无权处分。《最高人民法院关于贯彻执行<中华人民共和国民法通则>若干问题的意见(试行)》第八十九条[②]规定,在共同共有关系存续期间,部分共有人擅自处分共有财产的,一般认定无效。但第三人善意、有偿取得该财产的,应当维护第三人的合法权益。作为邢某、尤某A之女的尤某B,其是知道或应当知道邢某转让的股权是夫妻共同财产,转让行为并未征求

[①] 北京市第二中级人民法院(2015)二中民(商)终字第03536号民事判决书。
[②] 第八十九条:"共同共有人对共有财产享有共同的权利,承担共同的义务。在共同共有关系存续期间,部分共有人擅自处分共有财产的,一般认定无效。但第三人善意、有偿取得该财产的,应当维护第三人的合法权益;对其他共有人的损失,由擅自处分共有财产的人赔偿"。

尤某 A 的同意，所以尤某 B 的受让不构成善意取得。

虽然如此，但就检索到的案例来看，登记股东单方处分股权的行为被认定为有权处分比认定为无权处分的可能性更高。主要依据是最高人民法院审理的艾梅、张新田与刘小平、王鲜、武丕雄、张宏珍、折奋刚股权转让纠案[①]。在该案中，法院认为，对该案的处理应当适用我国《合同法》《公司法》相关调整股权转让交易的法律规定，而不应适用调整婚姻及其财产关系的法律规定。股权作为一项特殊的财产权，除其具有的财产权益内容外，还具有与股东个人的社会属性及其特质、品格密不可分的人格权、身份权等内容。如无特别约定，对于自然人股东而言，股权仍属于商法规范内的私权范畴，其各项具体权能应由股东本人独立行使，不受他人干涉。在股权流转方面，我国《公司法》确认的合法转让主体也是股东本人，而不是其所在的家庭，双方从事该项民事交易活动，其民事主体适格，意思表示真实、明确，协议内容不违反我国《合同法》《公司法》的强制性规定，该股权转让协议应认定有效。在该案中，确认了登记股东单独转让行为是有权处分的行为，这也指引了法院的裁判思路，许多法院也遵循了该裁判思路。

综上，在现行立法没有特别清晰的规定的情况下，司法机关在个案中更加关注审查当事人是否具有形式上的商业目的，而不关注是否存在恶意转让损害配偶利益的情况。整体而言，

---

① 最高人民法院（2014）民二终字第 48 号民事判决书。

对于有商业合理性的转让，原则上是认可单方转让的效力，并进一步对转让款进行分割；同时，结合转让价格的合理性、转让接收人的情况来综合判断是否有恶意。

对于因恶意串通损害他人合法权益致使合同无效的问题，因股权处分行为的性质认定有所不同。若法院认定登记股东处分股权的行为是无权处分，那么登记股东签订的股权合同从内容上当然具有损害他人合法权益的客观表现。在同时认定股权受让方不善意的情况下，法院有可能认定转让双方恶意串通，最终认定合同无效。例如，同样是在邢某等与尤某A确认合同无效纠纷[①]案中，法院在认定登记股东无权处分后，进一步认定恶意串通，该法院认为，善意取得是指无处分权的人转让财产时，受让人不知道也无义务知道转让人无权处分，并支付了合理对价。作为邢某（登记股东）、尤某A（登记股东配偶）之女的尤某B（股权受让人），其是知道或应当知道邢某转让的股权是夫妻共同财产，转让行为并未征求尤某A的同意，所以尤某B的受让不构成善意取得。而且股权转让的价款，原审被告也没有足够的证据证明受让人已经实际支付。故邢某与尤某B之间签订的《股权转让协议》符合《中华人民共和国合同法》（以下简称《合同法》）规定的"恶意串通，损害第三人利益"之情形，应当确认为无效。

若法院确定登记股东处分股权的行为不属于无权处分，认

[①] 北京市第二中级人民法院（2015）二中民（商）终字第03536号民事判决书。

定为有权处分时，股权转让合同也有可能因"恶意串通，损害他人合法权益"而归于无效。例如，金某上诉张某等确认合同无效纠纷①案中，法院在认定登记股东处分股权的行为为有权处分后，进而对"恶意串通，损害他人合法权益"的合同无效事由进行了分析，最终法院认为，原告未能提交有效证据证明存在恶意串通，损害其利益的情形，故对于其主张合同无效的意见不予支持。由此可见，即使股权转让行为被认定为有权处分，但是仍有可能因"恶意串通，损害他人合法权益"而致使股权转让合同归于无效。

在夫妻关系存续期间，投资收益以及主动增值属于夫妻共同财产，这使得无论登记股东名下的股权性质如何，都极易与夫妻共同财产发生勾连。在登记股东单方转让股权时，法院对于该类行为的效力认定规则尚不统一，因此，对登记股东本人及其配偶而言都具有相当的风险性。具体来说，对登记股东而言，其股权转让行为可能因无权处分而归于无效，股权转让合同可能因"恶意串通，损害他人合法权益"而归于无效；对于登记股东配偶而言，登记股东单方转让股权的行为可能被认定为有权处分，甚至免于"恶意串通，损害他人合法权益"条款的适用。这使得登记股东配偶可能仅能通过另诉的方式，即可请求登记股东赔偿相应损害。

---

① 北京市第一中级人民法院（2016）京01民终3393号民事判决书。

第三节 离婚时的股权分割

一、上市公司的股份分割

对于上市公司高管离婚案的股权分割，不存在其他股东的优先购买权的问题。资本市场上大股东夫妻离婚的案例比比皆是，仅 2020 年就有几个备受关注的上市公司实际控制人的离婚案。

📝 **案例一**

2020 年 5 月，康泰生物（300601.SZ）发布公告，因解除婚姻关系并进行财产分割，公司控股股东、实控人杜某拟将 1.61 亿股公司股份（占公司总股本 23.99%）分割过户至袁某女士名下。袁某承诺不谋求公司实际控制权，同意将所持股份的表决权等股东权利委托予杜某，并与杜某建立一致行动关系。

📝 **案例二**

2020 年 6 月 2 日，上市公司天地数码披露，公司控股股东、实际控制人韩某的配偶李某女士向杭州市西湖区人民法院提起诉讼,要求法院判令解除两人的婚姻关系,并就相关财产进行依法分割。幸运的是,夫妻两人应该很快达成了共识。2020年8月5日,上市公司所披露股东权益变动显示,韩某持有的公司1 501.27万股股份中的500万股归李某所有,占天地数码总股本的5.06%。权益变动后,韩某将持有公司股份1 001.27万股,占公司总股本的10.13%,其中处于质押状态的股份为148.39万股,占其持有公司股份总数的14.82%。9月1日,天地数码披露完成股份过户登记。为保持公司的正常生产经营不受影响,继续保持韩某对天地数码的实际控制权,李、韩二人签署《一致行动人与表决权委托协议》,李某同意将所持公司股份的表决权等股东权利委托给韩某,并与其建立一致行动关系。

对于上市公司的实际控制人来说,股份的分割意味着共同财产的分割,并不只是个人财富的流失。从公开的信息看,绝大部分实际控制人在离婚之后都签署了一致行动协议,毕竟公司无实际控制人形成利空,会影响公司正常生产经营,对彼此都不是一个好事情。因此,在上市公司的实际控制人离婚财产分割中,特别是友好的协议离婚中,关于一致行动的约定也是重要内容之一。

二、有限责任公司的股权分割

在离婚之时，如果股权未登记一方可以通过股权的变动成为有限责任公司的股东，将产生一个现行立法并无直接规定但非常重要的问题——如何平衡《民法典》与《公司法》规定间的适用问题，即股权分割与公司人合性之间的冲突问题。

"有限责任公司比较难以归类。如果仅仅从现象上来分析，它属于资合公司。因为法律要求其在管理上实现两权分离，在责任承担上仍然体现的是资本责任。但是，如果从实际上看，相当多的有限责任公司在管理上又和合伙相似，因而又具有人合的性质。"[①] 所以一般理解有限责任公司综合了资合性和人合性。对于有限责任公司来说，在股东股权转让层面，公司的人合性在《公司法》中体现为"股东向股东以外的人转让股权，应当经其他股东过半数同意……其他股东半数以上不同意转让的，不同意的股东应当购买该转让的股权；不购买的，视为同意转让"[②]。夫妻共有股权的变动，从内部关系看是共有财产的分割，但是从外部来看则是形式上的股权转让，而股权的转让使有限责任公司股东增加，所以对具有人合性的有限责任公司

[①] 施天涛. 公司法论 [M]. 北京：法律出版社 2014：68.

[②] 参见《公司法》第七十一条第二款：股东向股东以外的人转让股权，应当经其他股东过半数同意。股东应就其股权转让事项书面通知其他股东征求同意，其他股东自接到书面通知之日起满三十日未答复的，视为同意转让。其他股东半数以上不同意转让的，不同意的股东应当购买该转让的股权；不购买的，视为同意转让。

而言，会涉及其他股东的利益以及由此产生的股东同意权、优先购买权。

但是，现行立法对于夫妻离婚的股权分割规定得非常的模糊。《民法典婚姻家庭编司法解释（一）》第七十三条作为目前对于离婚诉讼股权分割的唯一现行法律条文，规范了离婚诉讼股权分割阶段其他股东的同意权以及优先购买权的问题，虽然该条文平衡了《公司法》与《民法典》在离婚诉讼中的适用问题，但仍存在诸多缺陷，也未能解决股权分割的一些关键问题。

（一）适用范围

《民法典婚姻家庭编司法解释（一）》第七十三条对股权的分割设置了很多前提条件，而该等前提条件实质上制约了本条的适用性，具体包括：①必须是婚后夫妻共同财产出资且股权登记在一方名下；②夫妻双方对于股权分割已经协商一致。

该条款的适用前提是"夫妻双方协商一致"，也就是说，如果夫妻双方对于股权的分割问题存在争议，则《民法典婚姻家庭编司法解释（一）》第七十三条便不能适用。而在离婚诉讼的股权分割中，"大多数情形下双方意见不一致。有些股东配偶要求分割股权，而非股东配偶要求分财产；有些股东配偶要求分财产，而非股东配偶要求分股权。在离婚当事人不能就股权分割达成协议的情况下，法院如何处理此类案件，仍然没有法律依据，存在法律漏洞。"① 而且，因为股权并非传统意义上的财产，其中的投票权涉及持有股权的一方对于公司的控制，因此持有股权的一方通常不希望自己所持有的股权被未登记一方分割，因为分割往往意味着其对于公司控制程度的降低，甚至失去对公司的实际控制。

严格来说，如果夫妻双方对于股权的归属问题存在争议，那么《民法典婚姻家庭编司法解释（一）》第七十三条就不能适用，但实际上，在司法实践中，大部分法院并未严格遵循"夫妻双方协商一致"这个前提，在双方有争议的情况下，直接适用原《婚姻法解释二》第十六条即现在的《民法典婚姻家庭编司法解释（一）》第七十三条②，但也确实存在部分法院意识到此问题而在判决中拒绝适用《婚姻法解释二》第十六条的情况③。

（二）分割对象

在原《婚姻法解释二》第十六条中，最高人民法院将分割的对象定义为"出资额"而并非"股权"，究其原因，"该条司法解释先于修改后的公司法而出台，而其具体规定显然是参照

---

① 王建东，毛亚敏．离婚诉讼之公司股权分割问题探讨：兼论"《婚姻法》司法解释（二）"第十六条之完善［J］．法学，2007（5）．
② 参见（2016）最高法民申2132号、（2016）苏01民终5774号、（2015）钦民二终字第83号、（2015）六程民初字第1334号、（2015）永民初字第89号。
③ 参见（2015）许民终字第1721号。

了原《公司法》有关股东间出资额转让的规定。"① 即修改前的1993年《公司法》将有限责任公司的"股权"表述为"出资额",而《婚姻法解释二》是基于此法而起草,现在的《民法典婚姻家庭编司法解释(一)》第七十三条依然承袭了原《婚姻法解释三》关于"出资额"的表述。因此法条使用"出资额"而并非"股权",存在一定的"历史原因",但该"历史原因"却给司法实践造成了困扰——分割对象为"出资额"还是"股权"?

根据案例库的检索,司法实践中法院对于分割对象究竟是"出资额"还是"股权"存在不同的意见,部分法院严格按照法条的规定,仅对"出资额"进行分割。在案例库检索到的、涉及此问题的十九份判决书中:有八份判决书直接认定股权分割的对象是股权②;有九份判决书虽然没有直接明确分割对象为股权,但判决中认为股权如果不经评估则无法分割③,实际上也是承认了分割的对象为股权;而仍有两份判决书明确

---

① 李俊:《论离婚时有限责任公司夫妻准共有股权之分割》,载《人民司法》,2006年第9期。

② 参见(2012)吉中民再字第17号、(2015)娄中民一终字第880号、(2014)南市民一终字第203号、(2015)郴民一终字第620号、(2014)长民终字第00315号、(2015)黄中法民一终字第00180号、(2014)清中法民一终字第317号、(2015)鄂武汉中民终字第01009号判决。

③ 参见(2015)鄂武汉中民终字第01446号、(2012)吉中民再字第17号、(2014)深中法民终字第1800号、(2015)郴民一终字第620号、(2014)宿中民一终字第00207号、(2015)浙台民终字第173号、(2016)鲁09民终908号、(2014)济民终字第1373号、(2015)肇中法民一终字第214号判决。

认为分割对象应为出资额而不是股权①。另外，在检索中发现，除了前述十九份判决书之外，还有诸多判决中对于分割对象采用的表述为"出资额"而非"股权"，但是因为其他原因最终没有对股权进行分割，因此认为分割对象为"出资额"而不是"股权"的判决在司法实践中的数量远比检索的结果要多。关于这一点，可能是受最高人民法院之前的司法解释的影响，与工商登记方面的信息存在差异。当然，这种差异并不是实质性的，而是形式上的，不损害当事人的经济利益。

（三）其他股东优先购买权的保障

在离婚诉讼的股权分割中，保障公司其他股东可以行使优先购买权是保障股东利益最重要的方式，《民法典婚姻家庭编司法解释（一）》第七十三条的主要内容也是关于其他股东优先购买权的相关规定，但该规定并不足够详细，实际操作性较低。应当参照《公司法》以及《公司法解释四》关于有限公司股权对外转让时其他股东优先购买权的相关规定，保障在离婚诉讼股权分割中的其他股东的利益。下面将结合司法实践现状，分析其他股东优先购买权保障问题。

《公司法解释四》第十八条对优先购买权的"同等条件"进行了细化："人民法院在判断是否符合《公司法》第七十一条第

---

① 参见（2014）焦民一终字第227号，（2017）冀01民终5891号判决。

三款及本规定所称的'同等条件'时，应当考虑转让股权的数量、价格、支付方式及期限等因素。"对于离婚诉讼来说，股权的分割向来是存在较大争议的部分，所以不同于普通股权转让，离婚诉讼中其他股东优先购买权的"同等条件"需要通过其他公允的方式确定。司法实践中，对于股权价值的认定实际上主要分为三种，即双方协商一致、由专门机构评估和以资产负债表为准。法院会根据实际情况确定选择一种，并通知其他股东该标的股权的价值，限期要求其行使优先购买权。如果有股东行使优先购买权，法院则将该股东购买所支付的对价交付给未取得股权的配偶；如果没有人行使优先购买权，则将股权分割给离婚案中未取得股权的配偶。

三、特殊持股形式下的股权分割

上面讨论的是夫妻中的一方持有某一有限责任公司的部分股权，但司法实践中还存在两种特殊情况：①双方在一家公司合计持股比例达到100%；②一方系公司的唯一股东。虽然前述两种公司的股权分割与普通的股权分割差别不大，但在司法实践中仍存在争议，需要进行探讨。

（一）夫妻共同持股的家族公司

夫妻双方是公司的全部股东，在此种持股情况下，实践中最大的争议点在于"夫妻公司"的登记持股比例是否应视为双方对共同财产份额的约定？对此问题没有明确的法律规定，而且司法实践中的观点也不尽相同。虽然不少法院在其判决中认为夫妻对于股权投资的比例约定不应视为对共有财产归属的约定①，但部分法院认为工商登记比例即为双方对夫妻共有财产分割的约定比例，根据检索，各地法院观点见表4-1。

表4-1　离婚股权分割判决

案号	分割方式	法院观点	备注
（2012）沪二中民一（民）终字第351号	均分	法院认为："双方虽在公司章程中明确了各自的投资比例，但根据婚姻法所确定的婚后所得财产为共有制的规定，应确定为双方对公司的投资比例各占一半，并承担相应的债权债务"②	（2015）青民五终字第2630号判决并未说明理由，直接判决均分
（2015）浙嘉民终字第990号	法院酌定，除非有证据证明双方另行约定了股权的归属	法院认为："注册的夫妻股权比例往往带有一定的随意性或是仅仅出于形式上的需要，并不当然反映实际权益的分配，故工商登记不能当然作为财产所有权份额的依据。如果有证据证明夫妻当初在工商登记的股权比例只是为设立公司而作的表面文章，其真实意思并非如此，则还是应根据真实意思认定财产份额"③	

---

① 贾明军. 婚姻家庭纠纷案件律师业务［M］. 北京：法律出版社，2008：357-358.
② 参见（2012）沪二中民一（民）终字第351号。
③ 参见（2015）浙嘉民终字第990号。

续表

案号	分割方式	法院观点	备注
（2014）辽河中民一终字第 16 号	法院酌定	《婚姻法解释二》第十五条规定"夫妻双方分割共同财产中的股票、债券、投资基金份额等有价证券以及未上市股份有限公司股份时，协商不成或者按市价分配有困难的，人民法院可以根据数量比例分配"，因此具体的分配比例由法院酌定	
（2014）浙金民终字第 327 号	以工商登记为准	双方为工商登记签订的协议即视为双方对于共有股权份额归属的约定	

综上所述，司法实践对此问题存在较大争议，而且即使判决结果相同，论证的思路也不同。部分判决书[1]中法院的观点值得借鉴，即除非有证据证明夫妻双方明确约定股权的归属，否则工商登记的股权比例并不能视为分割股权的约定。首先，夫妻公司对于股权份额的约定并不是直接针对夫妻共有财产进行的协议处分，其本身系商业行为，所以出资行为并不适用《民法典》"婚姻家庭编"。其次，即使适用《民法典》"婚姻家庭编"，同样不能得出工商登记比例系夫妻双方对于夫妻共同财产的约定，《民法典》"婚姻家庭编"第一千零六十五条规定："约定应当采用书面形式。没有约定或者约定不明确的，适用本法第一千零六十二条、第一千零六十三条的规定。"显然《民法

---

[1] （2015）浙嘉民终字第 990 号。

典》"婚姻家庭编"规定夫妻共同财产的约定不仅要有书面约定，而且约定还要明确，"在夫妻双方对财产未作约定，或者约定不合法、不明确的情况下，就得当然适用法定财产制。"① 因此，除非夫妻双方签订的投资协议或公司章程等书面文件中明确表示公司的股权比例即为双方对于共有财产的分割约定，否则不应将股权比例视为夫妻约定财产的归属比例。

因此，这是一个立法相对空白的问题，司法审判中出现同案不同判的现象并不意外。从夫妻规划的角度来看，建议在设立此类夫妻共同持股的企业的时候，要对财产的归属在股东协议中予以明确，避免未来一旦离婚就会对公司股权的分割发生争议。

（二）一人有限责任公司

在夫妻一方是一人有限责任公司的股东时，存在两个问题值得分析：

第一是关于此时股权能否分割？此问题涉及《公司法》和《民法典》的冲突。由于一人有限责任公司的财产与股东个人财产极易出现混淆而导致公司独立地位被否认，所以《公司法》第六十三条对一人有限责任公司的责任推定为无限责任。"目前所有公司独立地位否认案件都针对股东数量很少的有限责任公司提起，而且股东人数越少，否认率越高，涉及一人公司的否

---

① 巫昌祯，夏吟兰. 婚姻家庭法学［M］. 北京：中国政法大学出版社，2007：115.

认率高达 100%。"① 而在离婚诉讼分割中，一旦法院判决一人有限责任公司的股权应当进行分割，则一人有限责任公司的性质就因为股东人数发生变化而变更为普通的有限责任公司。因此，"对于一人公司的债权人而言，一人公司的股东与其配偶离婚，对其利益将产生重要的影响。"② 而如果从《民法典》"婚姻家庭编"出发，一人有限责任公司的股权同样属于夫妻共有财产，应当进行分割。由此产生了《公司法》和《民法典》"婚姻家庭编"的适用冲突。

司法实践中并未检索到法院对一人有限责任公司的股权分割与人格否认的问题直接进行探讨的案例，相反，法院对于一人有限责任公司的股权分割并未做特殊处理，而是按照普通有限责任公司予以对待。在崔婷婷等离婚纠纷、吴某与陶某离婚纠纷两份判决③中，法院注意到一人有限责任公司具有特殊性。但是两个法院都犯了同样的概念错误——混淆了"一人有限责任公司"和"个人独资企业"这两个不同的概念，误用了"个人独资企业"相关法规。

对于"一人有限责任公司"这个概念，一人有限责任公司的股权并不因为《公司法》第六十三条规定的"推定无限责任"而不可分割。一方面，一人有限责任公司实际上仍为有限

---

① 王军. 中国公司法 [M]. 北京：高等教育出版社，2005：53.
② 张伟、叶名怡. 离婚时夫妻所持公司股权分割问题研究 [J]. 法商研究，2009 (3).
③ (2015) 济民五终字第 521 号、(2014) 沈铁西民一初字第 217 号.

责任公司，只不过因为其相较多名股东的有限责任公司而言，更容易出现股东与公司人格混淆的情况，但并不是一人有限责任公司就一定会发生人格混淆，所以，推定无限责任并不意味着就是无限责任，仅因为"推定无限责任"而禁止对股权进行分割的理由是不充分的；另一方面，尽管对于一人有限责任公司的债权人存在保护，现行《公司法》及相关法规也并没有因此而禁止一人有限责任公司通过股权转让的方式增加股东人数，所以也就更没有理由禁止离婚股权分割。

另外，在一人有限责任公司的股权进行分割后，公司有了两个股东，不再是一人有限责任公司。但是对于在股权分割之前的债务，离婚后的前夫妻两人，依然要承担连带责任。原因在于：如果一人有限责任公司的独立地位被否认，则应由股东以其财产承担责任，而在离婚股权分割前，股东用于承担责任的财产实际上为夫妻共有财产。因此在离婚股权分割后，双方仍应以其分割获得的夫妻共有财产对离婚前的债务承担连带责任。

第五章 传统家庭财产传承

第一节　遗嘱与继承

一、常见的继承纠纷

家庭继承人之间发生继承纠纷，在生活上的原因是多元的，但归根结底可以分为两大类。

第一类是源于被继承人。如果被继承人家庭关系复杂，有过多次婚姻，但是没有写下遗嘱，导致继承人之间相互不信任，对遗产的范围等发生争议；也有的被继承人写了遗嘱，但是写得不专业，遗嘱效力存疑。

第二类是源于继承人。例如：继承人认为自己照顾老人多，希望多分一些遗产，但是其他继承人不予认可，又如继承人怀疑某个其他继承人隐藏了被继承人的部分遗产。

下面分析由公开信息整理的两个案例，这两个案例具有一定的代表性。

案例一

2015年9月25日，北京市高级人民法院认为许某A遗产案的"一审审理程序存在瑕疵、事实需要进一步查清"，因此裁定撤销北京市第二中级人民法院的判决，发回重审。案件其实并不复杂：2011年，著名画家许某A先生仙逝；2012年7月，许某A先生的三子许某B率先起诉其90多岁的母亲，要求分割遗产；然后诸多子女分别加入了不同的诉讼阵营。2014年10月，一审法院判决遗嘱有效，全部遗产由原配王某继承。而争议的遗嘱是王女士提供的据称为许某A先生生前用毛笔写在宣纸上的遗嘱，内容为："我许某A百年以后，我的一切文物、字画及所有财产归我夫人王龄文所有。我许某A二〇一〇年九月二日所立遗嘱。"同时提交的还有一张拍摄于许某A画室"竹箫斋"的照片。照片中，许某A与王某端坐在画室中，背后的墙上贴着一份手书遗嘱，照片中的遗嘱与王某提交的遗嘱原件内容完全一致，仅仅是未加盖名章及按手印。

历时三年多,该案仍未结案,暂时无法判断该案的是是非非。值得一提的是,该案还衍生出另外一案,即许某 A 的三子许某 B 起诉其姐姐许某侵犯名誉权,起因是在法院审理后,许某接受中央电视台某节目采访中称许某 B"造假造的好""造我爸的假"。最终法院判决许某侵犯名誉权成立,赔偿给许某 B 1 万元人民币的精神损害赔偿金及公证费用。

先人故去,家人为遗产而诉诸法庭,可能是去世的长辈生前最不想看到的事情,但恰恰是先人在世时没有寻找专业人士进行咨询而草率地安排自己的财产,才导致了家人之间的遗产战争,并进一步恶化了家人之间的关系。

案例二

2003 年,菲亚特之父吉亚尼·阿涅利先生去世之后,菲亚特家族成员一直处于遗产分配的暗战之中。2007 年,吉亚尼·阿涅利先生的女儿玛格丽塔率先起诉其母亲及三个遗产管理人格佩提格兰德·史蒂文斯、西格里德·马龙,要求获得完整的遗产清单,并怀疑遗产管理人隐藏了部分遗产。自此爆发了一系列诉讼:其母亲玛丽拉在瑞士也起诉了女儿玛格丽塔,玛格丽塔起诉其律师甘纳,后者最后不得不退回了一些律师费;同时甘纳律师也被顺藤摸瓜发现了偷税而被意大利税务当局重罚并被吊销了律师执业资格;而玛格丽塔的孩子约翰·拉普和吉尼弗拉也起诉母亲玛格丽塔，让约翰站在他母亲对立面的真正原因，很可能是遗产管理人允诺协助约翰进入家族管理委员会。而真正从这场复杂持久的家族战争中获益的，除了部分代理律师，则是意大利税务机关：他们顺藤摸瓜，不但惩罚了偷税的律师，也让玛丽拉和玛格丽塔母女两人补缴了上千万欧元的税款。最后，家族成员相互之间达成妥协，除了因为专业人士介入的因素之外，更多的压力来自所有人意识到这是一场"共输"的战争，大家通过相互妥协来止损。

这样的豪门恩怨我们还可以列举很多。在南非前总统曼德拉去世之后，其长女、第二任妻子等家族成员之间展开了诉讼和各种控制权纷争，争夺标的为曼德拉生前留下的大约 1 500 万欧元及大约在 110 家公司中的持股。在中国香港，霍英东去世之后，其儿子们之间也曾爆发过关于遗产、信托的诉讼争议。2011 年 6 月初，香港前政务司司长陈方安生家族爆发遗产争夺大战。陈方安生之母、国画大师方召麟辞世后留下大批天价名画及半山旭和道豪宅，引发了六个儿子的争产大战。

当然，也有遗产安排得非常妥当从而避免了家庭成员纠纷的名人，典型的例子可能就是已故意大利男高音帕瓦罗蒂了。事实上，帕瓦罗蒂生前所面对的局面并不简单。他一生结过两次婚：第一次婚姻生育了三个女儿，后帕瓦罗蒂出轨和原配离婚；2003 年在小女儿爱丽丝出生之后，帕瓦罗蒂再次结婚。帕瓦罗蒂生前制定过多份遗嘱，而在其去世前一个月，他邀请意大利的一位著名公证员到他居住的别墅中，制定了他的最后一份遗嘱。根据这份遗嘱，除了给女儿和妻子的法定抚养费用留份之外，他将其位于美国境内的所有资产设立了一个信托，信托主要用于保护其尚未成年的女儿爱丽丝。帕瓦罗蒂还给了他的两位助手各 50 万欧元的遗赠。帕瓦罗蒂葬礼之后，公证员当着代表其第一个婚姻所生的三个女儿的律师及代表其第二任太太的律师，公开了遗嘱内容，并最终得到了所有人的认同。应该说，面对两段婚姻的 4 个女儿，帕瓦罗蒂在富有经验的公证员的帮助下，设立了一个被所有利害关系人接受的遗嘱，并以一个信托作为配合，避免了家族成员之间的纷争。

当代中国社会正处于一个缺乏"财富传承"观念的状况。一方面，传统的嫡长子继承观念虽然没有完全消失，但影响力已经远不及当年了；另一方面，来自西方的以遗嘱、保险、信托、赠与为核心要素的现代传承观念与传承技术也未足够深入到富裕阶层。而现实是：改革开放以来，由于中国经济的持续高速发展，形成了一个较为富裕的阶层并开始关注财富传承，其中不乏著名的艺术家和企业家群体。

财富传承的观念还是一个较新的命题，并且在中国尚未形成与传统文化相融合的传承模式，而对财富传承的法律工具的接受度也偏低；大部分高净值人群不太乐意接受专业人士的全面介入，毕竟对他们来说专业人士是外人。而且熟悉高净值人群商业运营并取得他们信任的专业人士，和能够提供专业传承方案的专业人士，往往是不同的群体。

财富传承是一个全新的命题，并无模式化的方案可以直接参考，需要从以下三方面考虑筹划：

第一，无论是从税务角度，还是从传承的有效性，抑或从避免家族成员纠纷方面，事先做一定的规划安排比不做任何规划安排，成功的概率会高很多；

第二，财富传承安排不仅是一个观念问题，更需要从法律上进行安排，因此专业人士的介入是事半功倍的选择；

第三，被继承者应尽量选择在自己对家族成员还有影响力、还能调动和协调资源的时候，逐步进行传承的安排，而不要将所有的事情都拖到最后一刻去处理。在专业人士的指导下订立一份有效的遗嘱是常见的安排。

二、遗嘱的形式

一份有效的遗嘱，首先需要在形式上符合法律的规定。遗嘱的形式是立遗嘱人表达处分自己财产的意思的方式。因遗嘱既反映了遗嘱人处分自己财产的意愿，又会影响到法定继承人对遗产的继承。各国法律无不规定遗嘱是要式法律行为，并对遗嘱的形式做出明确规定。遗嘱非依法定方式作成不能发生效力。依我国《民法典》"继承编"的规定，遗嘱的法定形式有以下六种。

(一) 自书遗嘱

自书遗嘱是指立遗嘱人亲笔书写的遗嘱。自书遗嘱因是遗嘱人亲自将自己处分财产的意思用文字表示出来，不仅简便易行，而且还可以保证内容真实，便于保密。因此，自书遗嘱在现实生活中使用较多。

制作自书遗嘱必须由遗嘱人亲笔书写遗嘱的全部内容。书写时应当使用不易涂改褪色的笔，如钢笔、毛笔等。内容有涂改、增删的须注明，并另行签名以及注明日期。遗嘱人签名是自书遗嘱的基本要求。签名须由遗嘱人亲笔书写自己的名字，不能以盖章或摁手印等方式代替。无遗嘱人签名的自书遗嘱，会被认定为无效。遗嘱人在自书遗嘱中必须注明立遗嘱的年、月、日。遗嘱中的时间记载是确定遗嘱人遗嘱能力的依据，当遗嘱人有数份遗嘱时，也是确定有效遗嘱的重要依据。

按照《民法典》的规定，自书遗嘱需要注明年、月、日。需要讨论的是，如果在这方面略有瑕疵，例如，只列明年月，未具体到日，或者甚至没有书写任何日期，此时的"遗嘱"效力究竟如何？我们可以从遗嘱日期这一要件的法律意义方面加以分析。遗嘱之所以需要确定日期，是为了在存在多份有效遗嘱之时判断哪一个遗嘱为遗嘱人最后的遗嘱，并以此来确认遗嘱的效力。如果只存在一份遗嘱，即使该遗嘱并无日期或者日期未具体到年、月、日，也应当确认其效力；当存在多份遗嘱时，如果有遗嘱无日期而其他遗嘱有日期，那么宜认定无明确日期的遗嘱无效；如果全部遗嘱都没有明确日期，那么宜认定全部无效。总之，自书遗嘱之日期要件的法律意义并不在于确定该遗嘱本身之书写日期，因为我国并无遗嘱在死亡前多长时间内书写的规定。自书遗嘱的日期要件之意义在于判断存在多个遗嘱之时的相对效力。因此，不能机械地、绝对的认定自书遗嘱效力，而应该具体情况下具体分析。

对于遗书，最高人民法院司法解释和部分地方规范性文件都明确规定，如果遗书中涉及死后个人财产处分的内容，且符合法律规定的自书遗嘱要件的，应认定有效。所以，在认定自书遗嘱时，不应过于死板的认定标题没有"遗嘱"字样的就一定不是自书遗嘱，而是应该从该文书是否有正式做出死后个人财产处分的意思表示，且是否符合自书遗嘱的要件来判断。

(二) 代书遗嘱

代书遗嘱也叫代笔遗嘱，是由遗嘱人口授，他人代为书写的遗嘱。遗嘱人自己有书写能力的应当订立自书遗嘱，当遗嘱人自己没有书写能力或者因其他原因不能亲笔书写时，可以由他人代笔制作书面遗嘱。代书遗嘱从比较法的角度来看是较为罕见的。可能与中国在20世纪80年代有很大比例的文盲或者半文盲的现状相关。代书遗嘱赋予了当事人间接自书遗嘱的可能性。

代书遗嘱必须有两个以上见证人全程见证。一方面，在见证人的数量上，至少应该是两个见证人，一个是一般见证人，另一个既是代书人，同时也是见证人。另一方面，见证应该符合时空一致性的要求，这也是法院在审判实践中判定代书遗嘱是否有效的一个关键要素。时空一致性包括时间上的同步性及地点上的同一性，也就是遗嘱人的口述、代书人的代书和见证人的见证是在同时或基本同时发生的，且该过程是在同一地点发生的，不能是在订立遗嘱完毕之后，另行找其他见证人签字，否则遗嘱无效。

代书遗嘱中，最为重要的是代书人。因为他应忠实记载遗嘱人的意思表示，不得对遗嘱人的意思表示做篡改或修正；代书人在书写完遗嘱后，应向遗嘱人宣读遗嘱，经其他见证人和遗嘱人确认无误后，代书人、其他见证人和遗嘱人都必须在遗嘱上签名，并注明年、月、日。

代书遗嘱是特定时代的产物，我国法律对于代书人除了不能有利益牵连，并未有其他的专业要求。代书遗嘱的规定比较宽松，导致很多代书遗嘱并不专业，因此不是一个值得推荐的选项。

（三）打印遗嘱

打印遗嘱是《民法典》新承认的遗嘱形式，是科学技术进步在《民法典》中重要的创新体现，也结束了过去十多年关于打印遗嘱的争议。

《民法典》第一千一百三十六条规定："打印遗嘱应当有两个以上见证人在场见证。遗嘱人和见证人应当在遗嘱每一页签名，注明年、月、日。"这是《民法典》中有关打印遗嘱的细节规定。

打印遗嘱为电子设备制作且用打印机打印出来的文本形式。关于打印遗嘱的制作或打印环节是否要由见证人协助进行，还是必须遗嘱人亲自进行，法律无强制性规定，应对此做宽松认定，而且在所有人签字认可之后，具体由谁来操作打印实体并不重要。

类似代书遗嘱，打印遗嘱也应当有两个以上见证人全程在场见证。关于见证的要求，与代书遗嘱一样，也应符合时空一致性的要求。即要求见证人对打印遗嘱的电脑制作、打印机打印两个环节全程参与，否则遗嘱无效。遗嘱人和见证人应当在打印遗嘱的每一页签名并注明年、月、日。打印遗嘱要件中有对打印遗嘱的独特要求，为了保证打印遗嘱的任何内容不被篡改或被纸张替换，立法要求每一页都应该由遗嘱人和全体见证人签名并注明年、月、日。此项要求比代书遗嘱更为科学。

综合来看，打印遗嘱可能是未来的一种趋势。但是也需要在专业人士的指导下才能确保有效。打印遗嘱是律师协助高净值人群订立遗嘱的最佳方式之一。

(四) 录音录像遗嘱

原《继承法》有关于录音遗嘱的规定,但实践中并不多见。《民法典》在《继承法》的基础上,进一步扩展至录音、录像两个亚类。《民法典》第一千一百三十七条规定:"以录音录像形式立的遗嘱,应当有两个以上见证人在场见证。遗嘱人和见证人应当在录音录像中记录其姓名或者肖像,以及年、月、日。"本法条实际上包括录音遗嘱和录像遗嘱这两种遗嘱的亚类型,其中录像遗嘱为《民法典》"继承编"新增加的内容,也反映了科学技术进步及录音录像普及化的社会生活现实。

此外,相对于《继承法》,《民法典》对录音录像遗嘱的要件也规定了一些细节性的要件,使得立法更为完善。

遗嘱人应当亲自叙述遗嘱内容。遗嘱人的陈述应该具体、明确。如果将口述内容形成文字之后,财产分配应具有可执行性。

同代书遗嘱、打印遗嘱一样,在见证人方面,录音录像遗嘱也必须有两个以上见证人在场见证全过程。

特别的要求是,遗嘱人和全体见证人应当在录音录像中记录其姓名或者肖像,以及年、月、日。这个要件为《民法典》新增要件,意味着遗嘱人和见证人都要在录音录像遗嘱中记录姓名或肖像,确保见证人的"可识别性",避免不适当的见证人在场见证。此外,还要在录音录像遗嘱中记录年、月、日。

(五) 口头遗嘱

口头遗嘱是指遗嘱人在危急情况下以口头形式设立的遗嘱。所谓的危急情况，一般是指遗嘱人生命垂危、在战争中或者发生了意外灾害，随时都有生命危险，来不及或无条件设立其他形式的遗嘱。在危急情况解除后，遗嘱人能够用书面或者录音形式另立遗嘱的，所立的口头遗嘱无效。例如在王某、施某甲与杨某遗嘱继承纠纷[①]一案中，法院认为：

> "危急情况是指遗嘱人有生命危险，来不及或者不宜用其他形式立遗嘱的情形。本案中，根据原告陈述及证人证言，施某某在数小时内多次向亲属陈述'口头遗嘱'。虽然施某某当时可能有生命危险，但其能在数小时内多次就所谓遗嘱向亲属陈述，并不是来不及采用其他形式立遗嘱，也没有不宜采用其他形式立遗嘱的情形。由此可知，原告所称的遗嘱人施某某的'口头遗嘱'并不符合《继承法》所规定的'危急情况'，其有效条件并未成就。"

遗嘱人于危急情况下设立口头遗嘱的，至少要有两个见证人在场见证。见证人应将遗嘱人口授的遗嘱记录下来，并由记录人、其他见证人签名，注明年、月、日；见证人无法当场记录的，应于事后追记、补记遗嘱人口授的遗嘱内容，并于记录上共同签名，并注明年、月、日，以保证见证内容的真实、

---

① （2014）东开民初字第 0102 号。

可靠。

（六）公证遗嘱

公证遗嘱是指经公证机关公证的遗嘱。公证遗嘱是形式最为严格的遗嘱，由于公证员的专业介入，往往较之其他的形式遗嘱更能保障遗嘱人意思表示的真实性。虽然《民法典》"继承编"不再承认公证遗嘱的优先效力，但是从证据上看，公证文书的证据效力在诉讼中的便利性是显而易见的。

自然人设立公证遗嘱，应自己携带相关的身份证明到公证机关提出办理遗嘱公证的申请。如果遗嘱人因特殊原因确实不能亲自前往公证机关，可以请求公证机关派公证人员到遗嘱人所在地办理公证遗嘱。公证员应当对遗嘱人身份、有无遗嘱能力进行审查。申请人必须在公证人员面前以书面或口头表述出遗嘱的内容。遗嘱人亲笔书写遗嘱的，要在遗嘱上签名或盖章，并注明年、月、日，公证机关经审查认为符合法律规定的，由公证员出具公证书；遗嘱人口授遗嘱的，由公证人员做出记录，然后公证人员须向遗嘱人宣读，经确认无误后，由在场的公证人员和遗嘱人签名盖章，并注明设立遗嘱的地点和年、月、日。

实践中，为了规范文件格式，通常由公证员来代书（打印）遗嘱，并通过笔录等方式确认文本为遗嘱人的真实意思表述。而遗嘱人亲笔书写的遗嘱，可以归入公证遗嘱档案，用于今后的查阅。

为避免公证遗嘱制作中的利益冲突，公证员不得办理本人、配偶或者本人、配偶近亲属的公证业务。

相较而言，公证遗嘱是最值得推荐的一种遗嘱订立形式。

三、起草有效的遗嘱

在中国大陆，起草遗嘱是一个易被律师界忽视的业务领域，可能的原因有二：第一，公证界承担了诸多的起草遗嘱工作，并且保持低调，吝于宣传；第二，很多人认为起草遗嘱是一件简单且无技术含量的事情，无须聘请专业人士，自己动手写即可。当然，起草遗嘱责任重大但却收费低廉，令大部分律师不屑于开展此项业务，也是其被忽视原因之一。

但司法实践告诉我们，仅就效力而言，在司法审判中被认定为无效的遗嘱比比皆是，其比例远高于合同被认定无效的比例。这反过来说明，起草遗嘱可能并不是一项毫无技术含量的工作。

就有限的案例观察而言，中国大陆大部分遗嘱都非常简单。中国传统文化忌讳遗嘱，因此立遗嘱之人平均年龄偏大，此时各种不确定性已经很少，确实无须复杂的遗嘱规划安排。但随着青壮年企业家、职业经理人群体逐步意识到遗嘱的重要性，可预见复杂且个性化的遗嘱慢慢会成为律师业务的关注点之一。随着《民法典》确认了遗产管理人的法定职责，复杂遗嘱得到执行的概率也进一步加大。

下面从中国实体法的角度来分析复杂的遗嘱起草的一些常见技术性问题。为了表述简洁,将遗嘱继承人与受遗赠人统称为"受益人",但这不是法律中正式的术语,特此说明。

(一) 遗嘱的结构化类型

普通人订立遗嘱的首要目标,是避免法定继承中"粗暴的平均主义",希望区别对待受益人。当然,除此之外,遗嘱也有其他功能,此不赘述。

根据遗嘱受益人之不同,可以将遗嘱进行以下类型划分。

1. 单一受益型

这是最简单的一种类型,即确定所有的遗产由一位继承人(或者受遗赠人)继承(或受遗赠)。对于此类遗嘱,要注意以下事项:第一,是否确定受益人会晚于遗嘱人过世。如无法确定,则建议设立替补顺位。第二,受益人获得的财产是否确定为其个人财产(而非夫妻共同财产)。第三,评估是否会产生违反《民法典》关于特留份保留的风险。相较而言,这是一种相对简单的遗嘱。比如某夫妻分别写遗嘱,明确自己如果早于配偶去世,则所有的财产归生存的配偶,确保老有所依。

2. 比例受益型

即确定若干受益人之间按照特定比例取得遗产,如已经结婚的儿子与未婚的女儿之间按照1∶2的比例分配遗产,理由是儿子结婚之时已经获得过部分家庭财产。比例受益型遗嘱所要注意的事项与单一受益型类似，不再赘述。比例受益型在理论上实现了公平，但是实务中会出现若干问题：如果有两套房产，按照1∶2的比例，其实是很难划分形成物尽其用的结局；并且对于非现金资产如何折价，也往往会产生争议。因此，比例受益型主要适用于现金等金融资产及股权、股票等资产，但对于房产、艺术收藏品等并不适合。

3. 复合受益型

即在多个受益人之间，不是按照固定比例分配遗产，而是部分人取得固定数额，其他人取得剩余遗产。此类遗嘱最能满足个性化分配的需求，同时此类遗嘱的设计需要律师具有丰富的生活经验和条款表述技巧。复合受益型的遗嘱具体类型很多，仅举个别案例说明：

一是固定数额+余额型。某女士订立遗嘱，其核心内容是：该女士的妹妹获得固定的500万元，剩余的遗产归自己的两个孩子按照1∶1的比例继承；并且约定如果遗产总额不到2 000万元，则执行其他分配方案。

二是递增型浮动数额+余额型。签署了婚前协议执行夫妻分别财产制的某再婚的企业家订立遗嘱，其核心内容是：婚姻每多存续一年，配偶的继承数额就增加100万元，直至上限2 000万元；父母及直系晚辈亲属则依据其设定的其他规则取得剩余遗产。

三是递减型浮动数额+余额型。某兄弟姐妹众多的高净值人士考虑到如果其早于父母去世,那么,一方面父母还有被赡养的需求,另一方面父母也不需要太大数额的遗产,因此在遗嘱中确定核心规则如下:因此在遗嘱中确定的核心规则如下:如果张三身故之时父母健在,确定父母获得遗产的基数是 250 万/位。然后上下浮动 1 年,则有 10 万的增减:例如如果届时母亲 68 岁,则获得 250 万+20 万=270 万;如果届时父亲 73 岁,则是 250 万-30 万=220 万。

四是激励型。激励型包括正向激励与逆向激励两种类型。正向激励的案例很多,如在遗嘱中注明:如果遗嘱人生前久病一直生活在医院,陪护其最多者可以先从遗产中取得 100 万元,剩余部分按照特定规则在其他继承人中分配。又如,在鼓励生育的我国东南某地区,一位资产庞大的企业家的遗嘱的核心条款为:三个儿子根据各自生育的第三代的数量,按比例分配遗产。此类遗漏也可以根据特定的情形设定逆向激励的分配条款。

4. 顺位受益型

所谓顺位受益型,是指在指定的若干受益人形成先后顺位关系,根据遗嘱生效时受益人的具体状况来确定遗嘱分配规则。此项安排主要是为了避免(部分)受益人早于遗嘱人死亡而遗嘱人未能及时更新遗嘱,造成遗嘱意愿的落空。例如,某家族企业创始人对其家族企业的股权继承安排如下:第一顺位的继承人是儿子。如果遗嘱人去世时儿子已经先去世或者陷入无行为能力状态,则由成年的孙子继承,此为第二顺位。如果此时孙子尚未成年,则由孙子与女儿按照4∶1的比例继承,此为第三顺位。遗嘱后面还有第四顺位与第五顺位的安排。顺位继承对防范家族企业的股权稀释及外流具有重要意义。

遗嘱并不是简单地将遗产留给谁的问题,需要根据受益人的年龄、身体状态等做出不同的安排。除了单一受益型,我们将其他类型称作结构化遗嘱。结构化遗嘱有助于真正实现遗嘱人的诉求,是实现个性化的遗嘱。以上列举的仅仅是结构化遗嘱之部分,现实案例中复合受益型和顺位受益型组合的类型很多,在此无法穷尽列举。

结构化遗嘱,除了满足个性化需求之外,还能避免遗嘱未能执行的风险。此项风险往往因为受益人的情况与遗产的情况在遗嘱生效之时已经发生了重大的变化。例如,受益人已先于被继承人去世了;或者预计的遗产数额大大少于当初的预估。例如,在固定数额+余额型遗嘱举例中,如果最终总遗产数额少于预期,那么给遗嘱人之妹妹的遗产份额(即500万元)可能会多于给自己孩子的份额,这显然不符合遗嘱人最初的设立目标。因此遗嘱需要有备选方案。又如,如果不设立顺位受益,遗嘱中列明的继承人先去世了,那么遗产只能按照法定继承处理,虽然遗嘱本身的效力并无瑕疵,但是设立遗嘱的目标落空。

（二）遗嘱的表述技巧

在设立复杂的结构化遗嘱之时，遗嘱人往往希望对遗产继承设立一些贯彻其价值观的条件，此时对这些条件的技巧性表述就显得尤为重要。

例如，当事人在遗嘱中设定某些条件以贯彻其价值观，这属于很常见的安排。如果这些条件涉及人身、宗教、性别、性取向、婚姻（再婚）、生育等，那么如何进行技巧性的表达尤为重要。这主要源于我国对法律行为的条件存在立法空白，特别是在"将人身关系作为获取财产多少的条件"的法律效力并无明确的规定且存在诸多争议的情况下，应谨慎地避免任何"违背公序良俗"或者涉嫌歧视性的条款。例如，将房产继承权表述成"房产归配偶终身居住，但是她不得再婚"，此条款极大概率会被认定为无效；但如果表述成"房产归配偶附条件居住，至其再婚重组家庭为止"，则大概率会被认定有效，因为该遗嘱并未限制配偶再婚，而是将配偶（如）再婚设定为解除条件。

除了不能违背公序良俗与婚姻自由，其他的法律规定及登记可能性也需要考虑。例如，如在遗嘱中约定"股权的收益权归儿子，投票权归我姐姐"这样的表述，可能符合当事人希望家族企业投票权集中在成熟的人士而财富（收益权）归属于后代的考虑，但是这样的"投票权"是无法登记，儿子不主动配合是难以获得保障的。但如设定为"股权由儿子继承，但附有将股权的投票权无偿委托给本人姐姐的义务；如未履行上述义务，则股权由儿子及本人姐姐各获得50%的份额"，如此约定那么儿子就有动力去授予遗嘱人姐姐此项投票权。总之，一些特殊的条款设计是考验一个专业人士法律功底与水平的试金石。

评判专业人士的遗嘱起草水平，要看其是否能为客户设计出满足其个性化需求的遗嘱，兼顾财富传承与财富分配。对于民营企业家而言，还要考虑企业的整体利益与家人利益之间的平衡。客户订立遗嘱，本身就意味着其接受了"人生可能发生小概率不幸事件"，因此专业人士有必要引导并告知客户各种可能性，即使是超小概率的可能性，也要在遗嘱中表述严谨。

第二节 遗嘱信托

一、法律渊源

遗嘱信托，是指委托人通过遗嘱的方式将财产权委托给受托人，由受托人按照委托人的意愿以自己的名义为受益人的利益或者特定的目的，对财产进行管理和处分的行为。[①]

[①] 李岩. 遗嘱制度论［M］. 北京：法律出版社，2013：309.

关于遗嘱信托的规定，最早见于《中华人民共和国信托法》（以下简称《信托法》）。《信托法》第八条规定如下：

"设立信托，应当采取书面形式。书面形式包括信托合同、遗嘱或者法律、行政法规规定的其他书面文件等。采取信托合同形式设立信托的，信托合同签订时，信托成立。采取其他书面形式设立信托的，受托人承诺信托时，信托成立。"

同时，《信托法》第十三条又做了进一步的规定：

"设立遗嘱信托，应当遵守继承法关于遗嘱的规定。遗嘱指定的人拒绝或者无能力担任受托人的，由受益人另行选任受托人；受益人为无民事行为能力人或者限制民事行为能力人的，依法由其监护人代行选任。遗嘱对选任受托人另有规定的，从其规定。"

2021年生效的《民法典》则进一步对《信托法》的规定进行了简单的回应，认可以遗嘱方式设立信托。①

从信托法律关系的构造来看，遗嘱信托的当事人包括：①委托人，即遗嘱人。委托人以遗嘱的形式确定受托人、受益人及信托财产分配的基本规则。考虑到《信托法》对信托的"书面格式"要求，通常认为遗嘱信托中的遗嘱形式，应该不包括"口头遗嘱"这一类型。②受托人，即遗嘱人在遗嘱中所确

---

① 《中华人民共和国民法典》"继承编"第一千一百三十三条规定：自然人可以依照本法规定立遗嘱处分个人财产，并可以指定遗嘱执行人。自然人可以立遗嘱将个人财产指定由法定继承人中的一人或者数人继承。自然人可以立遗嘱将个人财产赠与国家、集体或者法定继承人以外的组织、个人。自然人可以依法设立遗嘱信托。

定的其所信任的人。受托人一方面因遗嘱信托而取得信托财产的所有权，另一方则因接受信托法律关系而承担信义义务，即管理好遗产，并将遗产按照委托人的指示进行分配。③受益人，即遗嘱信托中明确的最终获得财产的人士，通常为遗嘱人的近亲属。

从遗产取得的角度来看，相对于普通遗嘱继承，遗嘱信托最大的特点是"非一次性取得遗产"，即遗产的所有权发生了两次变更。第一次变更是从遗嘱人到受托人，由受托人取得遗产的所有权。受托人的所有权，是一种特殊的所有权，受托人并没有完整的权利去处置遗嘱人遗产，只能对该遗产进行管理。第二次变更，是受托人根据信托文件约定的时间、条件（例如当受益人年满25周岁）之时，将信托财产分配给受益人，此时受益人取得了真正的财产，这才是一种通常意义上的所有权。

二、典型案例

在域外，作为遗产的安排方式之一，遗嘱信托的案例并不罕见，例如，戴安娜王妃的遗嘱就是一个典型的遗嘱信托。在《民法典》颁布之前，事实上，我们在司法实践中也不乏这样的案例。

例如，可从一个国内公开的裁判文书中查询到下面这个案

例。在这个案件中,被继承人在遗嘱中载明:

> "剩余资产全部由立遗嘱人的亲生儿子高某、高某 A 两人均等份额继承。继承人高某、高某 A 因未成年或正在读书学习,其继承资产交由姐夫张某掌管,待高某大学毕业后一年由继承资产掌管人将其应得份额交由高某所有,待高某 A 大学毕业后(或年满 20 岁),由继承资产掌管人将其应得份额交由高某 A 所有。继承人高某、高某 A 继承财产由掌管人在继承人学习生活期间根据其实际需要,以继承财产或继承财产的收益每月给予定额的费用,其标准应满足其实际生活需要为限。"①

在这个案件中,被继承人并未明示设立信托,但资产管理人在接受遗产后,需要根据遗嘱中的安排进行管理,同样实现了信托的财产传承效果。从信托的角度看,张某为受托人,高某、高某 A 为受益人。这种遗嘱信托的安排是为了让遗产进入有管理能力的人手里,同时保障了遗产的相关利益能分阶段及最终归属于受益人。遗嘱信托的性质,类似于中国古代的托孤。

事实上,发生在河南罗山县的一个案件②则更有典型意义。在这个案件中,法院查明的事实如下:

> "经审理查明,原告的丈夫尹某 A 于 2016 年得肝硬化去世,在去世前几天,尹某 A 让其女儿将其大哥尹某 B、

---

① (2015)德民再终字第 21 号。
② 河南省罗山县人民法院(2017)豫 1521 民初 1541 号民事判决书。

二哥尹某 C 等叫到其家中，后尹某 A 从衣柜中拿出 24 万元，当场给原告胡某 4 万元，剩余的 20 万元交给其二哥尹某 C 保管，说要留给女儿尹某 D 上大学用，存起来的利息用于父母和妻女的生活费。后尹某 C 将 20 万元存到了金店，每月利息 2 000 元，给其父母 1 000 元，给原告胡某 1 000 元。原、被告双方对上述事实均予以认可。"尹某 A 生病期间主要由其大哥尹某 B、二哥尹某 C 照顾，原告胡某照顾一个月后尹某 A 即去世。尹某 A 生前于 2016 年 11 月 13 日在罗山县人民医院写有一份"遗愿"，内容为："20 万作为女儿尹某 D 以后上学所用，20 万存款利息为父母妻儿同住所用，用作生活开支，房子妻儿共同所有，妻子有居住权，但不得处理变卖。"

在遗嘱人去世之后，遗嘱人的遗孀即原告胡某则要求返还这些已经由二哥尹某 C 保管并管理的资产，二哥尹某 C 认为这些钱的归属应当是受益人尹某 D，而不是遗孀胡某。就此，法院认为：

"本院认为，原告胡某的丈夫尹某 A（已故）生前将其夫妻共同财产 20 万元留给其女儿尹某 D，但由于尹某 D 系未成年人，尹某 A 在生前将该款交由其二哥尹某 C 保管，待尹某 D 年满十八周岁后再由尹某 D 自己保管。关于该行为的性质，原告的代理人认为是一种保管合同关系，但保管合同是保管人有偿或无偿地为寄存人保管物品，并在约定期限内或应寄存人的请求，返还保管物品的合同，涉及的是两方当事人，即保管人和寄存人。而此案涉及三方当事人，即委托人（尹某A）、受托人（尹某C）、受益人（尹某D），符合信托的构成要件，即委托人基于对受托人的信任，将其财产委托给受托人，由受托人按委托人的意愿以自己的名义，为受益人的利益或者特定目的，进行管理或处分的行为。本案中的情形属于民事信托，即是以完成一般的民事法律行为为内容的信托，通常是以个人财产为抚养、赡养、遗产继承等目的而设立的信托。信托财产是委托人合法所有的财产，采用的是书面形式（本案中采用的是遗嘱的形式），信托的核心内容是'受人之托，代人理财'，这种托付是以信任为基础的，有信任才有托付，这种托付是一种委托，委托的内容是理财，理财的目的是为了受益人的利益，它体现了委托人的意愿。本案中的信托财产属于夫妻共同财产，但委托人对该共同财产的处分不仅是在当时且事后已经得到了原告胡某的同意（其在庭审中也称同意其丈夫尹某A将20万元留给其女儿），委托人尹某A为了其女儿的利益将财产交由其二哥尹某C进行管理，尹某C在管理信托财产的过程中，并未违反信托目的处分信托财产，其尽到了诚实、信用、谨慎、有效管理的义务，综上所述，现原告胡某要求被告尹某C返还20万元没有事实和法律依据。"

这是一个典型的遗嘱信托案例。这个案例充分体现了信托的本质：信托是一种信任，即该案中遗嘱人对其二哥的信任；同时信托也是一种不信任与顾虑，即担心遗孀胡某不会按照他的意愿来照顾老人，也担心孩子还小不能管理自己的财产。

总之，遗嘱信托是一种"轻便"的信托，同时也是一种遗产安排方式。从以往的实务案例来看，主要用于遗嘱人对继承人（通常是年幼的子女）的资产管理能力不放心，将遗产托付给其信任的人士，待继承人成年之后再交付给他们。这种信托本质上是继承中遗产的管理与交付方式，与后文讨论的家族信托在功能上还是存在区别的，所涉及的财富体量方面也有较大的差别。

第三节　赠　与

赠与又作赠予，是亲属之间或者准家人（如恋人）之间较为常见的一种财产转移的安排。赠与是情谊与友善之表达，用于增进相互之间的感情。同时，赠与也是家庭财产传承规划的重要方式。

事实上，赠与发生在我们的日常家庭生活中。父母出资购房、父母出资购车等，都是赠与。长辈将公司股权无偿过户给晚辈也是赠与。赠与与遗嘱继承有类似之处，都是以无偿的方式将资产转移给指定人士；唯一的区别是前者发生在长辈生前，而后者发生在长辈去世之后。

一、常见的争议

父母资助购房款，是借贷抑或赠与？父母资助子女购房购车等，在近十年是一个家庭常态。在诸多的离婚案件中，存在父母资助了部分购房款的情况，这部分是由直接汇款形成的"资助"，往往会形成两类争议：第一，这笔钱到底是赠与给孩子还是借给他们的？第二，如果是赠与，那么属于赠与给个人还是赠与给夫妻双方？现实生活中，由于家庭成员之间通常不会就这笔款项签署书面文件，因此在缺乏书面文书的情况下，法院审理中也更多依靠法官有限的查明与自由裁量进行判决。从司法审判实践来看，大部分款项提供不了是借贷关系的强有力证明的，法院往往会推定属于近亲属之间的赠与。因此，建议最初应当以书面形式明确某笔汇款属于借贷还是赠与。

赠与之反悔与撤销问题。根据《民法典》第六百五十八条的规定，赠与人在赠与财产的权利转移之前可以撤销赠与。具有救灾、扶贫等社会公益、道德义务性质的赠与合同或者经过公证的赠与合同，不适用前款规定。该条规定在婚姻家庭关系中依然适用,并不会因为当事人之间的特殊性而区别对待。换句话说,在婚前或者婚姻关系存续期间,关于慷慨赠与、房产加名等的一纸承诺是不产生严格意义上的法律拘束力的,只有现实条件下完成了的赠与,才是真正的赠与。

离婚协议中赠与子女财产。按照北京市高级人民法院的观点,在离婚协议中,双方将共同财产赠与未成年子女的约定与解除婚姻关系、子女抚养、共同财产分割、共同债务清偿、离婚损害赔偿等内容互为前提、互为结果,构成了一个整体,是"一揽子"的解决方案。如果允许一方反悔,那么男女双方离婚协议的"整体性"将被破坏。在婚姻关系已经解除且不可逆的情况下,如果允许当事人对于财产部分反悔,将助长先离婚再恶意占有财产之有违诚实信用的行为,也不利于保护未成年子女的权益。因此,离婚后一方要根据《合同法》第一百八十六条第一款之规定单方撤销赠与时亦应取得双方合意,离婚一方在未征得作为共同共有人的另一方同意的情况下,无权单方撤销赠与。因此,当赠与属于"离婚协议"一揽子具体协议中的一部分时,其法律适用上有特别之处。

二、赠与的规划

继承、人寿保险、家族信托和赠与,并称为传承的四大工具。赠与制度作为传统的财富传承工具,其作用不容忽视。从法律基础与法律实务来看，现行的《民法典》支持复杂性的赠与安排。下面将对常见的规划进行简单的总结。

赠与应明确标的物属于受赠人的个人财产。根据《民法典》的规定，"遗嘱或赠与合同中确定只归夫或妻一方的财产"，属于夫或妻一方的财产。也就是说，允许赠与人在赠与之意思表示中明确赠与标的物是否属于受赠人的个人财产；如果无明确的意思表示或者可明确推定的意思表示，则被认定属于受赠人的夫妻共同财产。但现实中基于情面等因素，赠与当时的意思表示往往是模糊的，从而导致在发生争议后的诉讼中很难认定是赠与一方还是赠与双方。因此，建议如果确有赠与需要，应对是否为个人财产予以明确。

赠与房产，但保留居住权。现行《民法典》正式承认了居住权属于典型的物权，可以进行登记并予以法律上的保障。例如：A 先生希望其个人房产在自己去世之后由自己的女儿 C 女士取得；同时在自己先于再婚妻子 B 女士去世的情况下，也希望保障 B 女士在该房屋内的终身居住权。这种诉求在家事领域是很常见的，也是妥善安排不同家庭成员利益的重要方式。

赠与股权，但保留投票权等管理权限。股权赠与之后，保留投票权等管理权限，在现实中也并不罕见。例如，A 先生与太太 B 女士协议离婚之时，达成了将属于夫妻共同财产的股权之部分转移给未成年的孩子 C 名下的协议。此时获得对 C 名下股权的管理权，对 A 先生继续保留对企业的控制权而言是一个重大的诉求；而对 B 女士而言，只要确保企业经营的大部分利益归属于 C 即可，这样的安排符合共同的利益诉求，有利于协议和平地分手。除了在家事领域，股权赠与在商事领域也有适用的情形。现实中，在高管、核心技术人员聘用协议中约定股权赠与的并不罕见，这类协议往往是一揽子协议之一部分，并且还有个人所得税等问题需要认真规划，比家事法领域的股权赠与要复杂得多。

总之，赠与可以是简单的慷慨行为，也可以根据家庭规划需要，进行不同的细致化的安排。现行的立法支持以传承规划为目标的复杂赠与的安排。

第四节　股权的继承

股权是家庭财富的重要形式。当一代企业家去世之后，其家人将因继承而取得公司股权，获得股东身份。股权作为一种较为新型的家庭资产，逐渐进入立法与司法机关的视野。

2004 年，北京市高级人民法院印发了《北京市高级人民法院关于审理公司纠纷案件若干问题的指导意见（试行）》的通知，其中第十二条将股权继承分为相应财产权益和股东资格两部分，前者可以当然继承，后者需公司章程或股东会决议同意才可继承[①]。2005 年颁布的《公司法》第七十六条则规定，原则上股东资格可自由继承，章程另有规定的除外。《公司法》于 2013 年修订，但该条内容未做修改。

2013 年颁布的《公司法》第七十一条也曾被学者作为处理股权继承的依据[②]，肯定了股权中财产性权利的当然继承，但需满足"无其他股东购买"且"全体股东过半数同意继承"的条件，继承人才可能继承股权，但是须同时满足半数股东同意和无股权行使优先购买权两个条件，方可继承。

2017 年颁布的《公司法解释四》第十六条规定："当发生继承时，其他股东不得行使优先购买权，章程另有规定除外。"根据该项规定，公司股东之间的意思自治性质的约定效力可以优先于法律的规定，即可以在公司章程中约定继承人不能继承公司股权，但是可以获得股权对应价值的财产权益。

---

① 北京市高级人民法院印发了《北京市高级人民法院关于审理公司纠纷案件若干问题的指导意见（试行）》的通知第十二条：有限责任公司自然人股东死亡，其继承人能否直接主张继承股东资格。有限责任公司作为具有人合性质的法人团体，股东资格的取得必须得到其他股东作为一个整体即公司的承认或认可。有限责任公司的自然人股东死亡后，其继承人依法可以继承的是与该股东所拥有的股权相对应的财产权益。如果公司章程规定或股东会议决议同意该股东的继承人可以直接继受死亡股东的股东资格，在不违反相关法律规定的前提下，法院应当判决确认其股东资格，否则应当裁定驳回其起诉。

② 《中华人民共和国公司法》第七十一条：有限责任公司的股东之间可以相互转让其全部或者部分股权。股东向股东以外的人转让股权，应当经其他股东过半数同意。股东应就其股权转让事项书面通知其他股东征求同意，其他股东自接到书面通知之日起满三十日未答复的，视为同意转让。其他股东半数以上不同意转让的，不同意的股东应当购买该转让的股权；不购买的，视为同意转让。经股东同意转让的股权，在同等条件下，其他股东有优先购买权。两个以上股东主张行使优先购买权的，协商确定各自的购买比例；协商不成的，按照转让时各自的出资比例行使优先购买权。公司章程对股权转让另有规定的，从其规定。

一、股权继承中的问题

相对于房产、存款，股权在继承中会有诸多潜在的法律问题。

（一）股权继承的身份障碍

我国《公务员法》第五十三条规定，公务员不得从事或者参与营利性活动，在企业或者其他营利性组织中兼任职务。《中国人民解放军内务条令》（军发〔2010〕21号，以下简称《内务条令》）第一百二十七条规定："军人不得经商，不得从事本职以外的其他职业和传销、有偿中介活动，不得参与以营利为目的的文艺演出、商业广告、企业形象代言和教学活动，不得利用工作时间和办公设备从事证券交易、购买彩票，不得擅自提供军人肖像用于制作商品。"

因此，具有公务员、现役军人等特定身份的继承人不得依据《公司法》第七十五条规定继承有限责任公司股东资格，但是并非剥夺其财产权利的继承，而是要求其继承原自然人股东所拥有的股权所对应的财产权益，即股权的价值。而股权价值的确定方式没有任何规定。部分地区的股权继承实务是进行减资，并把当年的实缴资本或者对应的资产价值还给继承人，但此种方法的前提是公司有减资的资金，并且也存在债权人不同意公司减资的风险。

(二) 外籍继承人问题

当股权继承人是外籍，形成的法律问题将更为复杂。《人民司法·案例》（2010 年第 4 期）对《金军等与上海维克德钢材有限公司股权继承纠纷上诉案（2009）沪一中民五（商）终字第 7 号》一案进行评析。对于一个企业是否为外资企业，即外资的判断标准，《公司法》以及《外商投资企业法》未作出明确规定。根据王敬、任明艳两位法官的看法：

"在审判实践中存在两种不同的观点，一种观点认为，根据《中外合资经营企业法》第一条、《中外合作经营企业法》第一条以及《外资企业法》第一条之规定，这些资本中除内资外均来源于外国公司、企业、其他经营组织和个人，即界定外资的标准是看该项资本的主体是否具有外国国籍，即以投资者的国籍为标准来界定一项资本是否是外资。因此，在外国人继承股权案件中，由于股东资格的继承导致公司中一方股东是外国人，构成《中外合资经营企业法》上的主体要件，公司的性质应当从内资公司转变为外资公司。另一种观点则认为以投资者的国籍为标准判断外资有可能与外资法利用外资的标准相悖，如仅仅因为投资人国籍的变更就改变公司的性质，将违反我国《外商投资法》利用外资的立法宗旨。对于外资应当以资本来源地原则作为判断标准，如果公司资本全部来源于国内，则是内资公司，如果公司资本中有部分或者全部来源于国外，则属于外资，相应该公司属于外商投资企业。此外，就投资形式而言，外方投资者投资的资金必须是外币，如以人民币投资，应是以外商在中国境内取得的利润再投资为前提。因此，外国人继承内资公司股权不改变公司注册资本来源地，不改变公司资本的形式，该公司仍为内资公司。上海市第一中级人民法院曾就上述问题向上海市商务委员会进行咨询，上海市商务委员会持后一种观点。结合我国外资立法的目的以及商务委员会的复函，笔者在审判实践中倾向于后一种观点。"

虽然有法官从规范解释的角度进行分析，但是实践中大部分工商行政部门并不认可上述观点，而是采用了形式主义的审查态度，即只要企业股东具有外籍身份，都会被认定为外资/合资企业。

对于证券即上市公司股票的继承，则相对简单且无直接限制。根据中国结算 2020 年 4 月 30 日发布的《证券非交易过户业务实施细则（适用于继承、捐赠等情形）》第十七条的规定，外籍人士是可以因继承而开立证券账户，但是需要承诺所开立证券账户只用于处置通过继承受让的证券，不能进行其他证券买卖。

因此，继承人的外籍身份往往是一个限制，公司的股东在进行传承规划的时候，需要提前做好安排，特别是对于限制外资的行业的企业，企业家要做好外籍子女无法继承成为股东的两手准备：或者出售企业，或者交给其他中国籍家人。

（三）股权继承的其他隐患

即使股权被继承，对于其他股东而言也往往存在很大的隐患。在存在多位继承人的情况下，虽然总持股比例并未发生变化，但是在按股东人数的投票表决中，投票表决的格局可能发生变化。

在有多个继承人的情况下，股东人数有可能突破有限责任公司股东50人的上限。《公司法》未明确规定股东人数突破50人上限的情况下解决此问题的具体方式、解决期限，以及未及时采取措施使股东人数符合法律规定的法律后果。对于因股东资格继承而导致股东人数超过50人的有限责任公司，也不应直接否定其合法的主体资格。解决方案可以是股权转让、代持等方式使其符合法律对人数的限定，或者在合理期限内进行公司形式的变更等。出于此种考虑，上海某区的工商局的实践是仅允许一人继承股权。

股份可能会落到完全不胜任股东的继承人手中，对于公司的经营管理产生不利影响。《公司法》第七十一条规定，"其他股东半数以上不同意转让的，不同意的股东应当购买该转让的股权；不购买的，视为同意转让"。当继承人希望转让股权或者公司章程约定股权不得继承而应由其他股东购买，如果其他股东无法筹集足够的资金购买已故股东的股权，股权可能会转让给第三方，甚至被转让给竞争对手。

如果股东之间签署了约定追加投资或者为公司提供融资担保的股东协议、一致行动人协议，根据"限定继承"的原则，继承人很可能无法或者不愿意履行这些约定的义务。如果股东未完全出资，已经认购但未实际缴纳的部分的出资，继承人是否愿意按期出资也存在不确定性。而通过诉讼解决不但成本大，而且结果不可控。

旷日持久的遗产纷争也是公司正常运营的阻碍。各地工商局均要求在办理股权继承时出示法定继承或遗嘱继承的公证文书，若继承人们能达成一致意见或对遗嘱没有质疑，公证文书不是难事。但若继承人们之间存在争议诉讼至法院，则可能启动诉讼保全冻结股权。那么在诉讼期间，公司老股东们持有的股权比例可能不足以通过某项决议，无法保障公司继续运营。或者如前所述，无继承人或继承人均不愿继承股权，则公司将面临减资的后果。

（四）股东资格的继承争议

继承人之间对于股权遗产的继承往往需要一个协商的过程。在股权过户到继承人名下之前，继承人是否具有股东资格，这样的纠纷并不罕见。例如，有关承德彤源万利工贸有限公司股东知情权纠纷①一案，就是一个典型的案例。

田某身前为承德彤源万利工贸有限公司的股东，而袁某是田某的合法继承人。原告袁某认为，她自田某死亡之日起即法定继承了田某的股东资格，能否查阅公司账簿应以是否具有股东资格为前提，而不应以法定继承人如何分配股权为前提。法定继承人之间对股权的分配仅仅是股权多少的问题，在袁某没有放弃继承资格的情况下，袁某无论分配多少股权，均具有公司股东资格，包括袁某在内的所有法定继承人均可以依法律规定查阅公司账簿材料。

而被告承德彤源万利工贸有限公司认为："尽管我国《公司法》规定自然人股东死亡后，其合法继承人可以继承股东资格，公司章程另有规定的除外，但经与原被告核实，死者田某的继承人除袁某外还另有他人，各继承人之间对于股权的继承尚未达成一致意见，故不能认定袁某已经依法继受取得股权。袁某目前尚不具有公司股东资格，应当驳回起诉。"

最终法院判决："袁某丈夫田某死亡后，继承人之间对于股权的继承尚未达成一致意见，对股权的继承尚未确定。上诉人袁某未经其他合法继承人同意，单独以继承人的身份起诉被上诉人不具备法定起诉条件。"

在类似这样的案件中，只要法定继承人之间未达成一致，股权未能过户到全体继承人或者特定继承人名下，那么他们所

---

① （2019）冀08民终3663号。

继承的公司股权其实是徒有其名，无法真正行使公司股东的权利。

当然也有结论不同的判决。在张某股东资格确认纠纷①一案中，法院认为：

"在易某去世后，其合法继承人均可继承易某在易富公司的股东资格。温州市鹿城区人民法院的（2017）浙0302民初10937号民事调解书中已经确认登记在易富公司易某名下83%的股份，由易某A继承42%股份，由张某继承41%股份。故张某和易某A均有权继承易某在易富公司的股东资格。张某和易某A尚未到工商注册部门进行股权变更登记，但其对易某在易富公司的股东资格的继承权经法院生效调解书确认，未进行股权变更登记不影响其股东资格的继承权。而且，宁都县人民法院（2018）赣0730民初2981号股东知情权的民事生效判决，也支持了张某的股东知情权诉请。上诉人认为，继承股权并不当然继承了股东资格。该观点没有法律依据，且与《中华人民共和国公司法》第七十五条的规定不符。本院认为，股东资格又称股东地位，是指各民事主体作为公司股东的一种身份和地位，具有股东资格就意味着股东享有包括自益权和共益权在内的各项权利，同时也意味着需要承担股东应当承担的相应义务，主要是指在出资范围内对公司债务承担责任。股权

---

① （2019）赣07民终2983号。

是指股东基于股东资格而享有的从公司获取经济利益并参与公司管理的权利。股份是指股东权利占公司全体股东权利的百分比份额，是股东权利的量化体现。可见，股东资格是股权和股份的前提和基础性条件。上诉人认可张某继承了易某在易富公司的股份，但又认为张某不具有股东资格，逻辑上存在矛盾。"

在司法审判实务中，这些争议并不罕见。股东知情权是股东的一项重要权利。如果在继承的过程中，因为继承人之间的某些争议，甚至是因为个别继承人远在境外而无法及时办理手续，导致股权未及时变更到继承人名下，此时公司或者其他股东否认继承人的股东地位，事实上对继承人非常不利。对此，比较好的解决方式是提前在公司章程中予以约定。

二、股权继承中的章程限制

因股权的财产性价值受《民法典》等法律保护，公司章程仅对继承人是否可以成为公司股东这一事项具有自由规定的空间。出于对公司人合性的考量，公司股东可以在章程中约定股东去世后，其股份不当然由其继承人继承，而是由其他股东、外部投资人购买或进行公司减资，将股权对应的价款支付给继承人，且如果无人购买或公司无法回购该股权，则应允许继承人成为股东。

约定由其他股东购买已故股东股权的方式从而排除继承也具有充分理由。从公司角度看，可充分保证公司的人合性，避免新加入其他股东，有利于稳定运营；从继承人角度看，在股份收购价款合理的前提下，继承人应得的财产性利益可以实现，而股权中的非财产性权利，不应是继承人对继承结果的期待；从公司其他股东角度看，自愿达成一致意见，按照认缴比例或另行协商的其他比例认购已故股东的股权，并无不合理之处。

最高人民法院曾经审理的"启东市建都房地产开发有限公司与周某股东资格确认纠纷"[①] 一案，就是一个典型的案例。

建都公司原名启东市建都房产项目开发有限公司，成立于1997年10月10日，原注册资本200万元，其中，启东市建筑安装工程公司（先后更名为启东市建筑安装工程有限公司、启东建筑集团有限公司）出资160万元，启东市建筑装饰工程成套公司出资40万元。公司经营范围：房地产开发、销售。自2009年2月起，建都公司实行股权改制，江苏博圣集团有限公司将其占注册资本50%的出资额2 500万元、启东建筑集团有限公司将其占注册资本16.4%的出资额820万元通过签订《股权转让合同》转让给公司职工共计3 320万股。其中，周某A出资2 100万元从江苏博圣集团有限公司受让2 100万股，双方于2009年2月18日签订了《股权转让合同》。后建都公司经多次股权转让，至2014年12月20日，公司股东演变为31名自然人

---

① （2018）最高法民终88号。

股东，其中周某A出资额为2 100万元，占注册资本42%。周某A生前即2015年11月2日立下遗嘱，明确上述股权由女儿周某继承，其他继承人无争议。

周某A去世之后，周某要求确认其股东资格、并要求建都公司办理股权变更手续。而建都公司反对，要求按照章程办理。因为在周某A去世之前的2015年1月，建都公司经股东会决议修改公司章程，在原公司章程第四章第七条中增加规定"对正常到龄退休（返聘除外）、长病、长休、死亡的股东，应及时办理股权转让手续，股东退股时，公司累计有盈余的（经会计师事务所审计确认），持股期间按本人持股额享受每年20%以内的回报"，该内容为第七条第三款。

一审法院认为：由于非周某的原因致周某A的股权无法转让，且公司当时的章程对无人受让股权如何处理未作明确规定，故周某根据父亲所立遗嘱要求继承周某A的股东资格符合《公司法》第七十五条的规定，其要求确认股权、并由建都公司办理股东资格手续的诉请应予支持。依照《中华人民共和国继承法》第十六条，《中华人民共和国公司法》第三十一条、第三十二条、第七十五条，最高人民法院《关于适用〈中华人民共和国公司法〉若干问题的规定（三）》第二十三条，《中华人民共和国民事诉讼法》第一百四十二条之规定，判决："一、确认周某继承取得周某A股东资格，对建都公司享有2 100万元出资额，出资比例为注册资本的42%；二、建都公司于一审判决生效之日起二十日内将周某载入股东名册，并向公司登记机关申请办理将周某A 2 100万元出资额由周某继承取得的变更登记手续。"

最高人民法院首先肯定了公司章程意思自治的有效性，认为：

"周某A自2011年诊断患病，至2015年12月4日去世，前述章程的修订，其作为法定代表人均有参与，且签字确认。公司章程作为公司的自治规则，是公司组织与活动最基本与最重要的准则，对全体股东均具有约束力。"

最高人民法院又进一步说明了相关约定的合理性，认为：

"排除股东资格继承后，标的股权如何处理属于公司治理事项，不影响本案股东资格的判断。建都公司作为有限责任公司，具有独立的法人人格和治理结构，案涉股权排除继承后，究竟是由公司回购还是由其他股东受让，均可通过公司自治实现。这两种方式均有利于打破公司僵局，维持公司的人合性和封闭性，体现公司意志，保护股东权益。此外，周某虽无权继承股东资格，但其财产权利可以得到保障。根据2015年1月10日公司章程第七条的相关规定，其依然能取得退还的股本金和按照持股额每年计算一定比例的回报款。本案中，建都公司提供的相关决议及庭审陈述表明，建都公司将周某A的股权退股2 100万元，并根据周某A持股期间按持股额每年享受20%的比例计算回报,该计算标准是 2015 年 1 月 10 日公司章程规定的较高标准。因此,周某作为周某 A 的继承人,将能够从建都公司获取较为丰厚的财产收益,对其权益的保护亦属合理。同时,建都公司目前离职的股东均采取这种收回股本金和领取一定比例回报款的方式获得补偿,遵照公司章程对股东权益平等予以保护,符合本案实际情况。"

最终,最高人民法院驳回了原告的诉讼请求,承认了其继承股权相关经济利益,但是否定了其对相关股权的继承。这说明公司章程提前做出明确规定是极其重要的。当然,公司章程应对无法直接成为股东的继承人明确一个金钱补偿的机制,确保他们的经济利益得到保障,减少诉讼争议。

三、资本市场中的股权继承问题

在境内资本市场即 A 股上市时,公司股票发行人最近 3 年内实际控制人没有发生变更以及董事、高级管理人员没有发生重大变化,这是一个硬性要求。如果公司已经上市,公司实际控制人或者主要股东去世,会对股价造成影响,但是并不会产生退市等影响股票交易的负面结果。但是公司上市之前实际控制人因故去世的案件,则很有可能影响资本市场的进一步运作。

(一) 拟上市公司的股权继承

2011年8月16日，宁波建工股份有限公司在上海证券交易所上市，发行股票1.00亿股，每股发行价格6.39元人民币，共募集资金6.39亿元。根据该公司的招股说明书，公司股东王某A先生因病于2010年4月23日去世，根据王某A生前与其配偶郑某、儿子王某B签署的《关于财产继承人的协议》，其所直接持该公司6.9288%股份所有权由其儿子王某B继承。该次股东变更事宜已经在公司2010年第二次临时股东大会通过并修改了相应公司章程，2010年7月完成工商变更备案手续。此外，王某A所持上市公司广天日月公司的22.0873%股份所有权也由其儿子王某B继承。也即王某B通过继承直接且间接持有了拟上市公司的股份。

上市律师认为：2010年5月26日，王某B与徐某等7人共同签订了原《一致行动协议》（以下简称"原《协议书》"）的《补充协议书》，王某B作为王某A之股份继承者，认可原徐某等8人签订的原《协议书》及《补充协议书》。原《协议书》及《补充协议书》均约定，协议各方如有发生宣告失踪、死亡、丧失民事行为能力等客观上不能行使表决权之情形，则自上述事实发生之日起，不能行使表决权人之股份表决权自动委托由协议各方过半数推选的代表（代表应为协议一方）行使。根据以上约定，原由8人持有的广天日月及发行人的股权仍然受原实际控制人范围内的徐某等其余7人控制，该等7人仍可通过控制广天日月以及发行人股权对发行人进行实际控制。所以王某A去世后，虽然拥有共同控制权的人数发生了变化，但共同拥有公司控制权的人所拥有的广天日月和发行人之股份表决权并未发生任何变化，故公司的控制权也没有发生变化。

这是一个相对特殊的案例。因为宁波建工实际控制人原为8位自然人，且他们签订了《一致行动协议》，进而控制了拟上市公司。原控股股东的董事长王某A先生作为实际控制人之一去世后，由其子继承股权，并签订了补充协议认可此前的《一致行动协议》。共同拥有公司实际控制权的人由8人变为7人，但表决权没有变化，控制权维持稳定，发行人实际控制人未发生变更。

北京盛通印刷股份有限公司[（盛通股份（002599）]则没有那么幸运。根据该公司的招股说明书，2007年10月19日，公司原董事长贾某A逝世。贾某A生前持有的公司3 000万股（普通股）作为夫妻共有财产，一半（即1 500万股）归栗某B所有，另外一半（即1 500万股）作为贾某A的遗产由其妻栗某B、其女贾某C、其子贾某D继承，其父亲贾某E、母亲王某自愿放弃遗产继承，即栗某B继承750万股，贾某C继承375万股，贾某D继承375万股。同时，栗某B作为贾某D、贾某D的母亲，担任贾某C、贾某D的监护人直至其年满十八周岁止，其间贾某C、贾某D的股东权利由栗某B代为行使。因此，司法认定粟某 B 为公司控股股东及实际控制人。

公司董事长贾某 A 是在申报材料期间去世的。第一次申报中招股说明书论证的观点为贾氏家族是公司的实际控制人，而非贾某 A 一人。贾氏家族成员合计持有的公司股份比例没有因贾某 A 逝世而改变，即贾氏家族未改变对公司的实际控制地位。但是证监会并没有认可招股说明书关于实际控制人未发生变化的观点，公司的上市申请于 2008 年 7 月 25 日被否，主要理由是认为实际控制人已变更。因此，公司不得不等待 36 个月并于 2011 年初重新申报材料，后来获得了通过。

对比两个案例可发现，对于拟上市公司来说，特别是已经到了申报材料阶段的拟上市公司，如果重要股东身故，引发的不仅是一个股权资产继承的问题，更多的是公司的实际控制人的认定问题。其引发的法律后果影响到已故股东的家人，同时也影响到其他股东与投资人。综合考虑公司利益及家人利益，建议拟上市公司的核心股东都要提前签署附义务的遗嘱：确保股权的继承利益保留在家庭成员中，同时要求所有的继承人签署一致行动协议。

（二）上市公司的股份继承

上市公司的实际控制人去世之后，如果继承人有多人，股份将分散，那么上市公司实际控制权可能会发生变化。我们先来分析以下两个案例。

2021年1月11日晚，游族网络发布关于实际控制人将发生变更暨权益变动的提示性公告。公告显示，2020年12月25日，公司原控股股东、实际控制人林A不幸逝世，林A生前直接持有公司股份219 702 005股（其中含高管锁定股164 776 504股），无间接持有公司股份，所持股份占目前公司总股本的23.99%。据上海市浦东公证处于2021年1月9日公证并出具的《公证书》，林A生前持有的游族网络股票219 702 005股由其子女林B、林C、林D三人继承，其中，林B、林C各继承游族网络股票73 234 002股，林D继承游族网络股票73 234 001股。本次权益变动后，信息披露义务人林B、林C和林D作为一致行动人，共同持有占公司总股本23.99%的股权。许某是其未成年子女林B、林C和林D的母亲，三人所持有的公司股份之股东权益统一由其法定监护人许某行使。因此，此次权益变动完成后，公司无控股股东，许某为公司的实际控制人。

2021年6月2日晚间，游族网络发布公告称，连续3个交易日（2021年5月31日、6月1日、6月2日）收盘价格跌幅偏离值累计超过20%。针对公司股票交易异常波动，公司董事会通过自查及书面询证方式向公司原控股股东、实际控制人林A的继承人（林B、林C及林D）的法定监护人许某及全体董事、监事、高级管理人员就有关事项进行了核查。经核查，许某正在筹划股权转让相关重大事项，近期推进取得较大进展，该事项尚存在不确定性。

这是一个非常特殊的安排,即实际控制人本人并不直接持有公司任何股份,而是作为 3 位未成年人股东的监护人有着实际控制人的地位。

曾经的上市公司金莱特,也是在实际控制人去世之后,其控制权直接过渡到其配偶。金莱特是一家广东江门的移动照明企业,于 2014 年 1 月 29 日上市,主营可充电备用照明灯具及可充电交直流两用风扇。但是公司上市后不到 2 年,2015 年 11 月,金莱特突遭变故,公司董事长、总经理田某因病逝世。在田某去世之后,经过继承,其妻蒋某与其他继承人中的田某 A、田某 B、田某 C 为一致行动人,合计持有公司股份 1.04 亿股,占总股本的 55.78%,蒋某成为公司的实际控制人。

无论是拟上市公司还是上市公司,公司股权的继承都不是一个简单的事。如果是一位老年股东去世,其成年子女可能已经接班,成为下一任的实际控制人,这是一个长期规划的结果,企业家选择了一位能接班的孩子来接任掌门人。但是更需要关注的其实是中年实际控制人的意外身故。他们往往没有留下遗嘱,并且继承人中很可能存在未成年人股东。这些未成年人股东权利的行使往往就交给了其监护人。例如孩子们的母亲。

从诸多案例来看,公司创始人去世之后,上市公司的实际控制权旁落是一个大概率事件。考虑到上市公司控制权的重要性,应当通过遗嘱及其他协议文件提前做好规划:应先考虑交给某个有能力继续管理好公司的家人；如果家人因为年龄、职业经历等无法胜任这个职责，那再考虑转给其他合适的股东，同时也要保障好家人的经济利益。这就需要以遗嘱为核心的一系列法律文件进行配合规划。

第六章 境内家族信托

第一节　家族信托概述

一、财富管理与代际传承

经过改革开放四十多年的积累，中国成就了数以十万计的超高净值家庭，同时也积聚了一个巨大的资产管理与财富传承市场。中国高净值人群的年龄层较集中，大约70%的受访者年龄都在40~60岁之间。随着高净值人士事业逐步进入巅峰期和稳定期，部分高净值人士的子女已成年，除了家族企业的传承之外，其他资产特别是金融资产的传承也是极受关注的问题。

如果其子女不乐意或者不善于经营家族资产，那么将部分资产交给专业的投资机构（如信托公司）去管理而让子女享受较为固定的投资收益，便是一个明智的选择。

新常态下经济下行给富豪们带来了财富保全的危机感。过去的 20 年是中国经济飞速发展的 20 年，也是民营企业家等高净值人士家庭快速积累财富的 20 年。但是近两年经济增速放缓，各种过去被忽略的风险逐渐暴露，各种神话开始破灭。在企业经营风险加大之后，企业家往往会因为承担连带担保责任而影响到家庭的既有财产，原来"低风险、高收益"的高成长投资和业务逐步转变为"高风险、低收益"的投资，相应的家庭财富和资产面临再配置的需求。基于上述原因，近两年境内机构推出"家族信托"，以满足高净值客户家庭财富管理与代际传承的需求。

一般认为信托制度的雏形出现在古罗马时代，当时主要的功能在于将财产所有权临时性地交付给有管理能力的受托人，并最终将该笔财产返回给委托人指定的受益人。古罗马战争延绵不绝，出征之人往往会写下遗嘱，通过遗嘱设立信托后，以便将财产托付给所信任之人士，再由后者在委托人的子女成年之后交还。这便是遗嘱信托最初的雏形。

但真正将信托制度发扬光大的是英美法国家。相对于罗马时代简单的制度架构，英美法将信托规范发展到极致。随着信托制度的发展，家族信托也慢慢兴起。所谓家族信托（family trust），是指一种为了某一或部分家族成员利益建立的生前信托。因此，将家族信托与其他类型的信托区别之核心标准，在于家族信托的受益人是家族成员，并且通常是多数人，而不只是某个特定的家族成员。

家族信托在欧洲、美国等发达国家被逐渐接受，或者说被高净值家庭所普遍采用，与工业革命之后家族企业的逐步发展、遗产税的开征等密切相关。从市场来看，除了极少数的超高净值家庭采用更高级别的家族办公室（family office）之外，大部分高净值家庭都逐渐接受并设立家族信托，以期实现家庭个性化的财富管理与传承的目标。

家族信托是在信托法律制度逐渐发展并且高净值家庭有将财富交给独立受托人来管理以实现财富传承的需求后而发展起来的。今日之中国也正处在这种需求逐渐增多的时期，所以有关家族信托的法律问题值得深入研究。

二、中国家族信托的法律渊源

二十世纪初中国引入信托制度，但中国现行的《信托法》中并没有关于家族信托的直接定义，仅明确信托为"委托人基于对受托人的信任，将其财产权委托给受托人，由受托人按委托人的意愿以自己的名义，为受益人的利益或者特定目的，进行管理或者处分的行为"。根据银保监会37号文，监管层面对于家庭家族信托的定义为:"信托公司接受单一个人或者家庭的委托,以家庭财富的保护、传承和管理为主要信托目的,提供财产规划、风险隔离、资产配置、子女教育、家族治理、公益(慈善)事业等定制化事务管理和金融服务的信托业务",并明确家族信托不适用《关于规范金融机构资产管理业务的指导意见》(银发〔2018〕106号)的相关规定。

具体而言,根据银保监会37号文,可从信托目的、信托当事人、信托财产价值、受托人职能等角度对家族信托进行分析:

一是信托目的:以家庭财富的保护、传承和管理为主要信托目的。

二是信托当事人:委托人可以是一个人或家庭;受益人应包括委托人在内的家庭成员,但委托人不得为唯一受益人。即明确了家族信托应当同时具有自益和他益的性质,但实践中受益人不包括委托人的情况也很常见。

三是信托财产价值:信托财产金额或价值不低于1 000万元。1 000万元的标准,是指家族信托设立时的初始信托财产就必须达到1 000万元,或者可以允许委托人分批交付信托财产使得家族信托存续期间信托财产最低规模达到1 000万即可,抑或是存续期间必须保持家族信托的信托财产金额或价值不低于1 000万元,目前尚未有明确解释。但实践中信托公司一般会要求委托人在设立信托时交付的初始信托财产必须达到1 000万元。同时,不要求存续期间必须保持1 000万元的要求,原因在于家族信托具有财富传承的性质，所以一般家族信托都具有比较丰富的信托利益分配规则，因此家族信托在存续期间因为进行信托利益分配而导致信托财产低于 1 000 万元属于比较常见的情况且符合家族信托的特点。

四是受托人的职能：财产规划、风险隔离、资产配置、子女教育、家族治理、公益（慈善）事业等定制化事务管理和金融服务；单纯以追求信托财产保值增值为主要信托目的，具有专户理财性质和资产管理属性的信托业务不属于家族信托。

第二节 典型家族信托

一、资金类信托

根据客户即委托人交付给受托人财产类型的不同，可将信托分为资金及金融资产类家族信托、动产实物类家族信托、不动产信托及其他财产或财产权信托。

资金信托，顾名思义，是指委托人将自己合法拥有的资金作为信托财产委托给受托人设立的信托。无论是客户手中的存量资金还是客户将股权、不动产等财产变卖后获得的资金，资金作为高流动性的财产，也是信托公司接受度最高的一种财产类型，因此，资金信托是大部分信托公司的主要业务类型。随着信托公司业务的发展，很多金融类资产的收益权也可以视为资金交付给信托公司，从而设立家族信托，因此在本章节一并进行论述。

通过下述典型案例介绍一个典型的再婚家庭传承类型的资金信托。

基本情况：赵女士年近六十岁，她在第一段婚姻中育有一个女儿，女儿现在赵女士的公司工作，且已有第三代。赵女士第二段婚姻配偶为钱先生，赵女士与钱先生在婚后又生育了一个儿子，儿子目前在英国读大学。赵女士在境内经营多家酒业销售企业，收入颇丰且稳定，并开始着重培养在自己公司工作的女儿接班自己的事业，以逐步实现自己的退休计划。赵女士儿子还在英国学习生物学，未来拟从事科研工作，对于接班并无任何主观意愿。而钱先生则平时喜好艺术，是一名职业画家，对于经营企业同样没有意愿也无能力。

客户的基本诉求分析：赵女士最核心的诉求是：由于女儿是赵女士第一段婚姻所育，故女儿与钱先生并没有血缘关系，而且这种非原生家庭难免会存在一些隔阂，所以如果未来将公司交给自己的女儿打理，必须确保钱先生与儿子有足够的生活及其他方面的物质保障。

信托设计方案：赵女士咨询律师后，形成了一个整体规划：一方面逐步出售部分股权给公司管理层，希望通过管理层持股来提升职业经理人对公司的管理水平与对公司的忠诚度，但也保留了超过50%的股权未来交付给女儿，确保女儿接班后对公司有足够的掌控；另一方面，将出售股权变现的资产加上其他手上即有的现金资产，设立家族信托，受益人为其女儿、儿子及钱先生。经过与律师的沟通，在律师的建议下，赵女士对于女儿、儿子及钱先生分别设计了不同的信托利益分配方案，具体如下：

①由于女儿目前就在赵女士公司工作，女儿结婚的时候已经给了房产，并且在公司担任高管，收入稳定。考虑到女儿未来接班及取得公司股权后，经济条件也会很好，因此，赵女士只给女儿保留了基础的固定生活费，以防不测。

②儿子目前仍在上学，未婚未育，并且未来从事科研收入也不会太高，所以律师协助赵女士为儿子设计了相对丰富的分配情况，包括但不限于：学业奖励（如获得学位、发表文章将获得奖励）、固定生活费、婚姻礼金、生育礼金等。

③钱先生由于年事已高，所以律师协助赵女士为钱先生在固定生活费之外，特别设计了医疗保障的信托利益分配条款。

经过前述的方案设计，即使未来女儿接管公司后与钱先生及儿子出现关系上的僵局，也可以通过在家族信托中针对每一个人专门设计的信托利益分配方案来保障钱先生和儿子的体面生活。在这个传承规划方案中，公司这些资产主要归女儿；而家族信托则主要用于保障收入不稳定的钱先生及其有志于从事科研工作的儿子。

此类信托的本质是将家庭的金融资产交给专业人士来管理，而家人能享有其经济利益，避免家人陷入一下子拿到大额资产但是没有足够的管理能力的困境。此类信托一方面是委托人信任银行、信托公司等专业机构管理资产的能力，另一方面则是减轻了家人的理财负担，保障委托人家人长期的经济利益。

二、股权信托

股权信托是境外家族信托的常见模式，境内目前公开披露的股权信托案例非常少，但各个信托公司都有尝试。从需求的角度看，股权家族信托还是有很大的市场需求，希望将股权放入家族信托传承的客户，特别是企业家还是非常多。但是从实践的角度看，股权家族信托存在很大的困难。这种困难主要体现在如下几个方面：第一，中国的民营企业普遍经营不规范，使得信托公司在接受托管的时候，需要做大量的尽职调查工作，导致办理股权信托的时间周期很长。第二，信托公司为了对信托财产及信托受益人负责，需要对信托财产及公司进行监督，这种监督使得原来的经营者非常不适应。因此，双方往往很难达成真正的平衡点。第三，对于公司治理规范的上市公司，股权信托则又要受证监会、股票交易所的监督与规范，并且要符合上市公司的信息披露等要求，实际托管变得非常困难。

因此，股权信托并不是不可能实行，只是从业务角度来看，并不是每个民营企业都能将股权落地安排为股权信托。从服务的角度来看，股权信托不但周期很长，而且还需要专业律师团队介入，前期投入成本相当高。

股权信托，至少在现阶段还是一个非常不容易拓展的业务。但是，随着中国民营企业家传承的需求日渐增多，随着职业经理人阶层逐渐成熟，股权信托从长远来看，属于是私人银行的重要业务。因此，要从法律角度与信托业务角度，进行分析。

（一）可行性与控制权问题

《信托法》第七条规定："设立信托，必须有确定的信托财产，并且该信托财产必须是委托人合法所有的财产。"委托人合法持有的公司股权，无论是上市的还是非上市的，作为信托财产设立信托，在法律上是允许的。

从信托公司的角度，在过去的集合信托业务中，信托计划持有非上市有限责任公司或者上市公司股权的先例比比皆是。因此，无论是从《信托法》的角度，还是从信托公司的业务实践来看，股权信托都具有现实可能性。

从结构上看，股权信托与普通的信托并无显著区别，唯一的区别是股权控制权，即作为信托财产的股权，其所代表的投票权归谁行使。根据《信托法》对信托财产的管理模式，理论上有三种安排：①委托人直接行使或者委托人指定具体的人行使；②受托人行使；③受益人集体行使。投票权，即股权控制权的安排可以通过信托合同中约定的模式来确定，委托人也有权在有生之年进行修改其股权控制权的归属。

（二）必要性考量

委托人（即家族企业创始人）设立股权信托的目的是多方面的。从境外股权信托的经验与实践来看，设立股权信托的核心价值考量包括以下两点：

一是财产隐私。股权登记在信托公司名下，不直接体现家族成员的姓名，保障了家族财产的隐私性。特别需要指出的是，在上市公司治理体系下，一切都是透明的，都需要穿透。因此，在上市公司办理了股权信托的情况下，隐私的意义并不大。

二是股权集中。因为代际继承、婚姻等问题，股权在经过2~3代之后，往往会分散于不同的家族成员之中。他们很可能统一为一致行动人，但也有可能因为存在理念上的差异而无法形成一致行动人。在分散的情况下，家族成员对公司的控制权会大大减弱。而股权信托以信托的名义持股，股权始终是集中的；而在信托收益分配端则是"分散的"，每个家族成员都有独立的受益权。因此，股权信托解决了家族成员经济利益独立性而投票权集中于信托的问题，有利于家族企业的长期传承。

需要明确的一点是，在股权信托中，信托受托人通常是不负责家族企业的经营管理的。这是股权信托与资金信托的区别。因此，在股东子女不愿意接班的情况下，股权信托并不解决管理人传承的问题。对于这个问题的解决路径，通常是完善公司治理，聘用职业经理人，并设置好对职业经理人的激励与监督机制。

（三）信托登记问题

委托人、财富管理机构等关心的关于股权是否需要信托登记的问题，《信托法》第十条规定："设立信托，对于信托财产，有关法律、行政法规规定应当办理登记手续的，应当依法办理信托登记。未依照前款规定办理信托登记的，应当补办登记手续；不补办的，该信托不产生效力。"也就是说，信托财产是否需要登记，要看法律法规对信托财产是否有需要办理登记手续的相关规定。

从目前信托行业的实践来看，如果家族信托持有的是有限责任公司的股权、合伙企业的合伙份额，则无法直接将家族信托登记为相应的有限责任公司及合伙企业的股东或合伙人。无法登记原因在于负责登记的工商机关一般并不认可"家族信托"是一个可以进行工商登记的合格主体，所以一般此类业务中都是以信托公司的名义进行工商登记。最终出现在公司工商登记信息中的，是××信托有限责任公司，而不是××家族信托。

而上市公司股票设立的家族信托，由于登记机关并不是工商机关，而是"中国证券登记结算有限责任公司"，所以根据实践操作来看，信托计划是可以被登记为上市公司的股东的。因此，在某上市公司的信息披露中，公司股东可以显示为××家族信托。

综上所述，信托登记其实是一种信息登记，有助于外部识别这个是一个家族信托，而不是一个资管计划。现阶段信托登记制度并不完善，但并不会对家族信托的法律效力有实质性影响。

（四）上市公司的监管问题

如果上市公司的控股股东即公司实际控制人将其持有的上市公司的股份设立家族信托的话，需要履行证监会及证券交易所要求的信息披露义务。

从技术上看，第一步是 A 上市公司的控股股东应该设立一个资金类的信托，并且以该信托的名义开立证券账户。早在 2012 年，中国证券登记结算有限责任公司就颁布过《关于信托产品开户与结算有关问题的通知》，通知允许信托开立证券账户。

第二步是以受托人的名义在大宗交易系统中购买 A 上市公

司的股份，可以从公开市场上购买，也可以从个人持股中出售给家族信托，即通过大宗交易来实现股份点对点的减持，减持到家族信托中去。如果信托的设立人是公司的董事或者不担任董事的实际控制人，那么其持股的减持是受证券交易所规定的规则的限制，例如每一个季度减持不得超过2%等。

因此，在上市公司实际控制人设立股权信托之时，除了必须满足《信托法》的要求，还必须要接受证监会、交易所对其上市公司的监管。因此，除了信托方面的专业人士之外，还需要熟悉资本市场的专业人士共同参与规划。这将是一个运作相当复杂的过程。因此，客观来看股权信托并不是一个容易落地执行的项目。

(五) 股权信托案例

客户基本情况：马先生是一位成功的企业家，年过六旬的他目前经营着数家电子元件制造企业，并掌握着这些企业大部分的股权。马先生目前尚不准备退休，但考虑到自己年事已高，所以仍然决定开始着手设计传承方案。马先生长期经商，大部分资金收益都被他通过增资的方式投资到自己的企业中，以实现企业的发展扩大，因此马先生最有价值的家庭财产就是股权，而其他的财产，如现金存款、金融产品等并不多。

客户基本诉求分析：马先生决定将自己名下的电子元

件制造企业的大部分股权拿出来设立一个股权信托，同时担心如果拿出部分股权设立了信托，将会导致自己持有的股权被稀释影响其对公司的控制权，从而影响企业运营。因此马先生希望可以实现一种既能保证自己股权财产得到传承，又能确保继续掌控自己名下的电子元件制造企业的方式。

信托设计方案：律师根据马先生的要求设计了一套股权信托架构，既实现了传承，又保留了控制权，基本结构如图6-1所示。

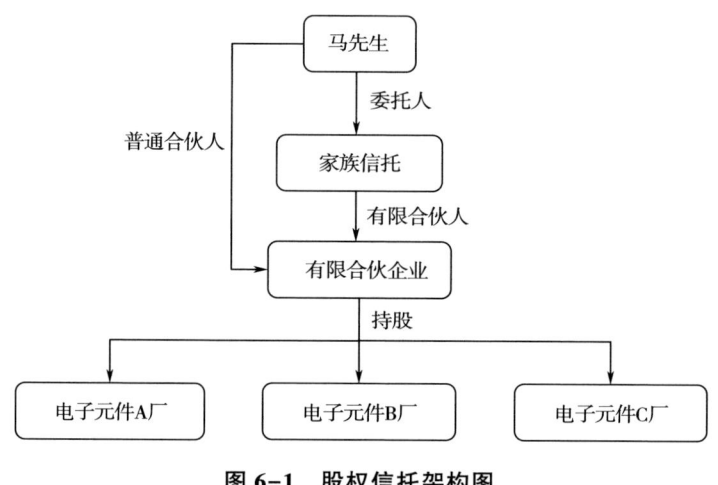

图6-1　股权信托架构图

如图所示，马先生先将自己拟传承的股权转让给一家有限合伙企业作为持股平台，然后马先生担任该有限合伙企业的普通合伙人，家族信托（由受托人代表）担任有限合伙企业的有限合伙人，并且家族信托持有该有限合伙企业99%的份额，并约定合伙企业的所有利润都归属于有限合伙人。

这个持股平台是实现"传承+控制"的关键：

首先，马先生担任的是有限合伙企业的唯一普通合伙人，所以有限合伙企业的决策均由马先生独自决定，而有限合伙企业又持有马先生拟传承的股权，所以马先生实际上通过该有限合伙企业掌握了拟传承的股权之投票权等管理权能。这样确保了电子元件制造企业的股权仍然是由马先生控制。

其次，家族信托担任了有限合伙企业的有限合伙人，并持有99%的合伙企业份额，同时享有合伙企业的全部利润。在这种设计下，家族信托实际上直接持有的是有限合伙企业的份额，间接持有电子元件制造企业的股权。未来电子元件制造企业股权的分红、转让都将成为有限合伙企业的财产，而家族信托作为有限合伙人，实际上可以在有限合伙企业层面获得全部股权分红、转让所得，间接实现了未来股权取得的收益均由家族信托实际获得并分配给信托受益人。

最后，这种模式受到了信托公司的认可，原因在于，家族信托如果直接持股，信托公司将会登记成为电子元件制造企业的股东，未来电子元件制造企业如果出现经营不善、造成社会不良影响等，将可能直接导致该信托公司的经济、名誉受损。而通过担任有限合伙企业的有限合伙人，信托公司可获得一定的风险隔离保护。

在这个案例中，股权信托的安排严格来说是一个阶段性的安排，并不是终局性的安排。原因是马先生个人还担任着普通合伙人，他亲自经营管理下属的几个企业。未来如果马先生不想经营管理了，那么他可以将三个具体的公司出售，变现的钱中99%可以进入家族信托，然后解散有限合伙，家族信托的资产就变成了金融资产。如果马先生选择让其他人管理，就可以把自己普通合伙人的地位转出去，从而让其他人继续经营，通过分红来充实信托资产。

随着中国家族信托业务的突飞猛进，随着信托公司对股权信托业务的进一步熟悉，未来交给信托公司来持股的股权信托必然将成为主流。

三、慈善信托

（一）慈善信托概述

慈善信托是指委托人（捐赠人）基于慈善目的，依法将其财产委托给受托人（信托公司或慈善组织），由受托人按照委托人意愿、以受托人名义进行管理和处分并开展慈善活动的行为。慈善信托是一种广义上的慈善捐赠行为，而慈善事业历来被高净值人群所青睐。2020年，武汉疫情的突然暴发更是掀起了一轮慈善的热潮，各类高净值人士纷纷慷慨解囊，参与设立慈善信托，典型案例是由中国信托业协会倡议发起的、18家信托公司参与的"中国信托业抗击新型肺炎慈善信托"①。

慈善信托现在仍处于一个高速发展的阶段：根据慈善中国网站公布的信息，截至2020年第一季度末，目前共有345个慈善信托备案，财产总规模合计333 630.45万元。尤其是在2020年初的新冠肺炎疫情的影响下，设立并备案的慈善信托呈现"井喷的趋势"——仅仅在2020年的第一季度，就有多达63个慈善信托备案。尽管此情况的产生有疫情的影响，但不可否认的是，慈善信托正在成为慈善领域新的发展方向。

慈善信托是越来越多高净值人士倡导共同富裕的重要方式。通过下面的分析可看出，慈善信托是一种相对于设立慈善基金会而言负担更轻的捐赠方式，也是一种灵活度极高的方式。

(二) 慈善信托的优势及成本

1. 慈善信托优势

(1) 可长期从事慈善业务且期限灵活

与一次性捐赠不同的是，委托人可以通过与受托人约定信托期限的方式，通过慈善信托长期从事特定的业务。而从《信

---

① 《"中国信托业抗击新型肺炎慈善信托"第三期募资完成》：http://www.xtxh.net/xtxh/industry/45822.htm。

托法》以及《慈善信托管理办法》的规定出发，慈善信托的期限可以定为"永续（或无固定期限）"，即在出现导致信托终止的情况前，慈善信托可以永续存在。

从实践角度来看，根据慈善中国网站公布的慈善信托备案数据，目前慈善信托的期限为"永续（或无固定期限）"的信托并不在少数，在 2020 年第一季度备案的 63 个慈善信托中，24 个慈善信托采取了"永续（或无固定期限）"的信托期限。

因此，对于有志于长期从事慈善事业的高净值人士来说，慈善信托可以满足其需求。当然，慈善信托并不一定存续期限都很长，仅为期一年的慈善信托也并不少见，故慈善信托的期限设定具有非常高的灵活性。

（2）设立门槛远低于慈善基金会且财产总规模灵活

不同于家族信托 1 000 万元的门槛，或者集合信托对于合格投资者的限制，慈善信托本身并没有直接的最低交付财产限制的门槛，所以高净值人交付的信托财产数额将由其与受托人协商后，以信托文件的方式确定，委托人可以视情况决定首期交付设立慈善信托的财产规模，如果希望后续以慈善信托方式继续开展慈善活动，则继续追加信托财产即可。而如果选择设立慈善基金会，根据《基金会管理条例》的规定，全国性公募基金会的原始基金要求不低于 800 万元人民币，地方性公募基金会的原始基金要求不低于 400 万元人民币，非公募基金会的原始基金要求不低于 200 万元人民币；原始资金必须为到账货币资金。慈善门槛非常高。

从实践角度来看，根据慈善中国网站公示的信息，慈善信托的财产总规模大部分集中在几十万或者数百万元之间。财产总规模最小的"陕国投·小小志愿者在行动慈善信托计划"财产总规模甚至仅 0.82 万元人民币，而财产规模最大的"鲁冠球三农扶志基金慈善信托"规模则高达 60 000 万元人民币。由此可见，慈善信托的设立门槛较低，而且财产总规模非常灵活。

（3）慈善财产可获得增值

根据《慈善信托管理办法》第三十条的规定，"慈善信托财产运用应当遵循合法、安全、有效的原则，可以运用于银行存款、政府债券、中央银行票据、金融债券和货币市场基金等低风险资产"，因此，慈善信托非常重要的一个特征是，受托人可以使用信托财产对外投资，以获得信托财产的保值和增值。尽管慈善信托的所有财产都必须用于慈善用途，而不能向委托人或其家庭成员分配，但通过信托财产投资并获得增值，可以为高净值人士进一步从事慈善事业提供更多的财产支持，扩大慈善事业的范围和影响力。

相较于慈善组织来说，慈善信托投资收益均属于委托人可以通过慈善信托支配的财产，投资收益可以继续运用于委托人指定的慈善事业。而慈善组织使用捐赠人捐赠的财产对外投资后，所得投资收益属于慈善组织自身的财产，捐赠人无法直接要求慈善组织将投资所得用于其指定的慈善项目。

（4）年度慈善支出的数额没有法定限制

根据《慈善信托管理办法》第十四条的规定，慈善信托的信托文件中应当载明每年慈善信托的慈善支出的比例或数额。但是目前没有法律、法规或其他规范性文件对于慈善信托每年慈善支出的比例或数额进行要求，所以慈善信托的年度慈善支出数额可以根据委托人的实际需要确定，理论上可以设置很低的数额。

而根据《基金会管理条例》的规定，具有公开募捐资格的基金会，开展慈善活动的年度支出不得低于上一年总收入的70%或者前三年收入平均数额的70%，年度管理费用不得超过当年总支出的百分之十；非公募基金会每年用于从事章程规定的公益事业支出，不得低于上一年基金余额的8%。因此慈善信托的年度支出数额要求要远远低于慈善基金会，所以对于高净值人士来说，具有更高的灵活性。

（5）慈善财产具有独立性

在慈善信托项下，委托人交付的信托财产系"委托给"受托人，该信托财产虽然在受托人名下，但《信托法》第十六条明确规定，如果受托人因为被解散、被撤销或宣告破产而终止，信托财产不属于其清算财产。因此慈善信托的信托财产具有独立性，不会因受托人被解散、被撤销或宣告破产而受影响。委托人可以通过重新选择受托人的方式继续开展慈善信托。

而如果高净值人士将善款捐赠给慈善组织，那么该善款将成为慈善组织的自身财产,可能会受到慈善组织被解散、被撤销的影响。

2. 慈善信托成本

慈善信托相较于普通的捐赠来说,需要高净值人士承担一定的成本,包括前期为设立慈善信托进行咨询和架构设计的律师费、信托公司的受托人报酬以及其他运作慈善信托必要的支出,但实践中,部分受托人从承担社会责任出发,常常也不收取信托报酬。不过总体来说,相较于运营一家慈善基金会,设立慈善信托的成本并不高。

另外,不同于家族信托,根据《信托法》的规定,公益信托(慈善信托)必须要设立监察人,如果监察人拟收取费用的话,则慈善信托还需要另行承担一笔监察人费用。以北京市民政局网站公示的慈善信托备案信息为例,各项费用情况如表6-1所示:

表 6-1 慈善信托信息备案表

信托名称	受托人报酬	监察人报酬
中诚信托·中国信托业协会保障基金公司·2018内蒙古察右中旗扶贫慈善信托①	受托人中诚信托有限责任公司收取报酬的年费率为0.1%	监察人收取报酬的年费率为0.1%

---

① "中诚信托·中国信托业协会保障基金公司·2018内蒙古察右中旗扶贫慈善信托"《北京市慈善信托备案申请书》,http://mzj.beijing.gov.cn/attached/file/20190109/20190109095052_604.pdf。

续表

信托名称	受托人报酬	监察人报酬
中信信托 2019 江平法学教育慈善信托①	受托人中信信托有限责任公司收取报酬的年费率为 1%	监察人均不收取报酬
北京信托·2018 光彩扶贫慈善信托 001 号②	受托人北京国际信托有限公司收取报酬的年费率为 0.8%	监察人收取报酬为每信托年度 1 万元人民币

综上可见，慈善信托的综合成本是与信托的整体规模成正比，并且信托公司往往也承担了对信托财产增值保值的职责，即这个管理费用实质上从信托公司的理财收益中予以扣除一小部分，并不是信托的委托人需要额外支付的费用，负担相对较低。

---

① "中信信托 2019 江平法学教育慈善信托"《北京市慈善信托备案申请书》：http://mzj.beijing.gov.cn/attached/file/20190419/20190419094727_548.pdf。

② "北京信托·2018 光彩扶贫慈善信托 001 号"《北京市慈善信托备案申请书》：http://mzj.beijing.gov.cn/attached/file/20190129/20190129154710_62.pdf。

第七章

保　险

第一节　保险与夫妻共同财产概述

保险在家庭中具有重要意义。首先，保险是一种对冲家庭风险的金融工具，购买保险的目的是保障家人，保障家庭财富；其次，购买保险的开支往往是夫妻共同财产；最后，部分年金险具有显著的理财性质。因此，在现代社会，保险是一种常见的、重要的夫妻共同财产类型。

作为夫妻共同财产的保险，在离婚的时候是否会被分割，《中华人民共和国保险法》（以下简称《保险法》）没有规定，《民法典》及此前的《婚姻法》也没有规定。因为司法审判中出现的争议多了，逐渐形成规定。

早在 2014 年，深圳市中级人民法院印发的《关于婚姻家庭纠纷案件的裁判指引》中对此问题有一条简单的规定：

"离婚案件涉及分割以夫妻共同财产投保的人身保险时，一方为投保人并以自己或其亲属（子女除外）为受益人，另一方可以请求对方给予相当于保险单现金价值一半的补偿。"

2016 年 12 月 1 日，最高人民法院在其公布的《第八次全国法院民事商事审判工作会议（民事部分）纪要》（以下简称"纪要或会议纪要"）中，直接针对商业保险在婚姻财产分割中的认定问题给予明确意见。《民法典》"婚姻家庭编"及司法解释并没有对商业保险在婚姻财产分割中的分割方法给予明确的指示。会议纪要的有关规定如下：

"关于夫妻共同财产认定问题

婚姻关系存续期间以夫妻共同财产投保，投保人和被保险人同为夫妻一方，离婚时处于保险期内，投保人不愿意继续投保的，保险人退还的保险单现金价值部分应按照夫妻共同财产处理；离婚时投保人选择继续投保的，投保人应当支付保险单现金价值的一半给另一方。

婚姻关系存续期间，夫妻一方作为被保险人依据意外伤害保险合同、健康保险合同获得的具有人身性质的保险金，或者夫妻一方作为受益人依据以死亡为给付条件的人寿保险合同获得的保险金，宜认定为个人财产，但双方另有约定的除外。

婚姻关系存续期间，夫妻一方依据以生存到一定年龄为给付条件的具有现金价值的保险合同获得的保险金，宜认定为夫妻共同财产，但双方另有约定的除外。"

2019年，江苏高院民一庭印发的《家事纠纷案件审理指南（婚姻家庭部分）》进一步做了更细致的规定：

"离婚案件中对于人身保险合同应当如何处理？

人身保险分为人寿保险、意外伤害保险和健康保险。离婚案件中对于人身保险合同，除当事人另有约定外，可以按以下情形分别处理：

(1) 已获得保险金的情形

婚姻关系存续期间，夫妻一方作为被保险人依据意外伤害保险合同、健康保险合同获得的保险金，主要用于受害人的治疗、生活等特定用途，具有人身性质，应当认定为个人财产。

夫妻一方作为受益人依据以死亡为给付条件的人寿保险合同获得的保险金，该保险合同中受益人的指定本身就表明了投保人与受益人之间的特定关系，体现了保险金的专属性，应当认定为个人财产。

婚姻关系存续期间，夫妻一方依据以生存到一定年龄为给付条件的具有现金价值的保险合同获得的保险金，该保险具有一定的投资属性，由此获得的投资收益，应当认定为夫妻共同财产。

(2) 尚未获得保险金的情形

婚姻关系存续期间以夫妻共同财产投保,离婚时仍处于保险有效期内的人身保险合同,夫妻双方主张分割保险单现金价值的,应予支持。

如果投保人和被保险人均为夫妻一方,离婚时夫妻双方可以协议退保或者继续履行保险合同。投保人不愿意继续履行的,保险人退还的保险单现金价值应当作为夫妻共同财产分割;投保人愿意继续履行的,投保人应当支付保险单现金价值的一半给另一方。

如果夫妻一方为投保人,夫妻另一方为被保险人,离婚时夫妻双方可以协议退保或者继续履行保险合同。协商一致退保的,保险人退还的保险单现金价值应当作为夫妻共同财产分割;协商一致愿意继续履行的,获得保险合同利益一方应当支付保险单现金价值的一半给另一方。如果投保人要求退保,而被保险人要求继续履行的,保险合同应当继续履行,获得保险合同利益一方应当支付保险单现金价值的一半给另一方。

(3) 为未成年子女购买人身保险的处理

婚姻关系存续期间,夫妻一方或者双方为未成年子女购买的人身保险获得的保险金,如果未成年子女未死亡,应当专属于未成年子女所有。

离婚时，如果为未成年子女购买的人身保险合同尚处于保险有效期的，因保险的最终利益归属于未成年子女，该保险应当视为对未成年子女的赠与，不再作为夫妻共同财产分割。"

综上所述，关于保险与夫妻共同财产的关系，在不同的法律文件中已经有所规定，但还缺少权威的、统一的规定。

第二节　保单的现金价值

当夫妻双方讨论保单的时候，需要从两个不同的角度来讨论，一方面是保单的现金价值；另一方面是保险金。

现金价值是指投保人退保或保险公司解除保险合同时，由保险公司向投保人退还的那部分金额。从财富保全的角度看，保单的现金价值经常会面临两个问题：在离婚时的夫妻共同财产分割；在债务诉讼时被债权人强制执行。

一、保单现金价值在离婚时的夫妻共同财产分割

《第八次全国法院民事商事审判工作会议（民事部分）纪要》第四条："婚姻关系存续期间以夫妻共同财产投保，投保人

和被保险人同为夫妻一方,离婚时处于保险期内,投保人不愿意继续投保的,保险人退还的保险单现金价值部分应按照夫妻共同财产处理;离婚时投保人选择继续投保的,投保人应当支付保险单现金价值的一半给另一方。"根据上述规定可知,在婚姻关系存续期间,一方以共同财产(如自己的工资所得等)为本人投保的保单的现金价值是夫妻共同资产。在离婚时,若投保人退保,则需要分割退保后的现金价值;若投保人继续投保的,则需要补偿保单现金价值的一半给另一方。

依据上述结论,在财富规划领域常常出现错误的理解和运用。比如,销售人员会主动以离婚时分割保单的现金价值这一点来"帮助"客户通过保单实现在离婚时多分财产的效果。由于大部分的终身寿险、重大疾病险、两全保险以及年金保险的缴费期内的现金价值都低于保费总额,而随着时间的推移,被保险人获得的累积利益和现金价值会超过总保费。因此,投保人只补偿对方一半的现金价值的话,相当于支付了较少的金额就获得了一张保单全部的利益。

上述规定只是参考性的。在司法审判实践中,部分法院判决离婚时一方补偿对方保单现金价值的一半,也有部分法院判决补偿累积已交保费的一半。实践中具体如何补偿,要根据诉方的具体请求来看。根据不告不理的原则,如果相关当事人没有对保单的分割价值和分割方式提出请求的,以保单的现金价值作为分割财产价值的评估标准。如果一方提出合理证据和理由，要求主张保留保单的一方补偿累积已交保费的 50% 的，或者要求另一方分割保单的累积利益（或共享未来的生存金和年金）的，都有可能得到法院的支持。因此，补偿保单现金价值的一半并不是必然结果。部分地方性规定也会区分"投保人和被保险人均为夫妻一方"和"夫妻一方为投保人，夫妻另一方为被保险人"的情况，也有将为未成年子女购买人身保险，视为对未成年子女的赠与，因此在夫妻离婚之时不做任何分割。

总之，原则上，保单的现金价值属于夫妻共同财产，将在离婚中予以分割；但是在司法审判实践中，其往往作为一种特殊的财产，并不会必然一分为二，并且由于计算依据存在认识上的不统一，具体的分割尺度也并不绝对统一。

二、强制执行保单问题

保单作为家庭资产逐渐进入千家万户，但是相对于更普遍性的房产、存款等，保单还是相对小众的资产。因此，实践中，对于投保人的债权人在投保人未偿还债务时是否可以申请法院强制执行保单现金价值，法院如何执行，被保险人及受益人的权益如何保障等，均尚未形成全国性的、统一且权威的认识。以下将从各地法院的规范性文件、裁判文书及最高法院的尝试等三个层面就保单现金价值强制执行的司法现状进行系统梳理，并归纳出实践中有关争议的焦点问题。

(一) 各地法院的规范性文件

《保险法》对保单现金价值的规定具有较强的原则性，为统一执法尺度，各地法院往往以通知或解答等文件进一步加以规范。对保单现金价值能否执行及如何执行，分为截然不同的两种观点：

一种观点认为：退保以后的保单现金价值是投保人的责任财产，法院可以强制执行。投保人下落不明或者拒绝解除合同的，法院可以直接扣划。例如，《浙江省高级人民法院关于加强和规范对被执行人拥有的人身保险产品财产利益执行的通知》（浙高法执〔2015〕8号）第一条规定："投保人购买传统型、分红型、投资连接型、万能型人身保险产品、依保单约定可获得的生存保险金、或以现金方式支付的保单红利、或退保后保单的现金价值，均属于投保人、被保险人或受益人的财产权。当投保人、被保险人或受益人作为被执行人时，该财产权属于责任财产，人民法院可以执行。"第五条又规定："人民法院要求保险机构协助扣划保险产品退保后可得财产利益时，一般应提供投保人签署的退保申请书，但被执行人下落不明，或者拒绝签署退保申请书的，执行法院可以向保险机构发出执行裁定书、协助执行通知书要求协助扣划保险产品退保后可得财产利益，保险机构负有协助义务。"

在中国人寿保险股份有限公司深圳市分公司返还不当得利

纠纷①一案中，法院认为：

"……涉案保险均为人寿分红型保险，该险种是兼具人生保障和投资理财功能的保险，具有储蓄性和有价性，其储蓄性和有价性体现在投保人可通过解除保险合同提取保单的现金价值，由于保单的现金价值系基于投保人缴纳的保险费所形成，是投保人依法享有的财产权益，并构成投保人的责任财产，且该财产权益在法律性质上并不具有人身依附性和专属性，也不是被执行人及其所扶养家属所必需的生活物品和生活费用，不属于《最高人民法院关于人民法院民事执行中查封、扣押、冻结财产的规定》第五条所规定的不得执行的财产。因此，保险单的现金价值依法可以作为强制执行的标的。第二，人民法院的强制执行行为在性质上就是代替被执行人对其所享有的财产进行强制处置，从而偿还被执行人所欠的债务。根据《中华人民共和国保险法》第十五条、第四十七条的规定，在保险期内，投保人可通过单方自行解除保险合同而提取保险单的现金价值。由此可见，保险单的现金价值作为投保人所享有的财产权益，不仅在数额上具有确定性，而且投保人可随时无条件予以提取。基于此，在作为投保人的被执行人不能偿还债务，又不自行解除保险合同提取保险单的现金价值以偿还债务的情况下，人民法院在执行程序中有权强制代替被执行人对该保险单的现金

---

① 吉林省长春市中级人民法院（2018）吉01执复58号执行裁定书。

价值予以扣划、提取。《保险法》第十五条对保险人解除保险合同做了严格限制，其立法本意是避免保险人滥用合同解除权，从而保护投保人的合法权益，并非是对人民法院强制执行保单现金价值的排斥性规定。"

现实中也有不同的司法与裁判观点。如广东省高级人民法院《关于执行案件法律适用疑难问题的解答意见》（2016年3月3日）中，针对被执行人的人身保险产品具有现金价值，法院能否强制执行的问题，认为虽然人身保险产品的现金价值是被执行人的，但关系人的生命价值，如果被执行人同意退保，法院可以执行保单的现金价值，如果不同意退保，法院不能强制被执行人退保；如果人身保险有指定受益人且受益人不是被执行人，依据《保险法》第四十二条的规定，保险金不作为被执行人的财产，人民法院不能执行；如果人身保险没有指定受益人或者指定的受益人为被执行人，发生保险事故后理赔的保险金可以认定为被执行人的遗产，可以用来清偿债务。①

---

① 但也检索到持相反观点的案例，如：（2018）粤13执复72号中国平安人寿保险股份有限公司惠州中心支公司、黄智涛民间借贷纠纷执行审查类执行裁定书：复议申请人中国平安人寿保险股份有限公司惠州中心支公司提出复议申请，认为：在投保人未提出解除保险合同，且申请人不具备法律和合同约定的行使解除权的情况下，申请人不能单方解除被执行人保险合同。另目前我国暂无法律明文规定执行阶段法院对被执行人的保险合同享有强制解除权，故法院作出的强制解除保险合同并执行现金价值的裁定无法律依据。惠州市中级人民法院认为：保险单的现金价值不等同于保险金，其在法律性质上不具有人身依附性和专属性，投保人可通过解除保险合同提取保险单的现金价值，体现了保险单具有储蓄性和有价性，应属于投保人所享有的财产权益。本案中，被执行人叶映秋与复议申请人中国平安人寿保险股份有限公司惠州中心支公司签订保险合同，其作为投保人享有的保险单现金价值属于其作为被执行人应当履行义务部分的财产，且保险单的现金价值并未在上述法律规定不允许查封、扣押、冻结的财产范围内，故执行法院向复议申请人中国平安人寿保险股份有限公司惠州中心支公司发出《协助划拨通知书》符合法律规定，本院应予以支持。

也有的法院认为①，人寿保险单具有财产属性，能够成为强制执行的标的，但保单现金价值成为执行标的前提是保险合同已解除。保险合同解除前，投保人对保险人不享有保单现金价值请求权；保险合同解除后，保单现金价值才能产生并最终确定，投保人对保险人方享有保单现金价值请求权的到期债权，法院才可以对保单现金价值予以执行。如果投保人与保险人未在保险合同中将法院强制执行作为合同解除的一种特殊情形，且未出现《保险法》规定或者保险合同约定的保险公司可解除保险合同的情形，保险合同的解除权只能归投保人所有，法院不宜直接要求保险公司解除保险合同并提取现金价值。但考虑到保单具有财产价值，法院可以采取相关执行措施。

相应地，由保单现金价值强制执行引发的投保人与保险人之间保险合同违约纠纷中，法院的观点也经历了演变的过程。法院的执行部门与审判部门存在不同理解和处理方式：执行程序中，法院要求保险公司配合执行，以协助执行通知书的方式直接划转保单现金价值，否则将以妨碍民事诉讼为由予以处罚；保险公司配合执行之后，在投保人以保险公司无权单方解除合同为由要求保险公司继续履行合同的诉讼中，审理法院则认为在未经投保人同意的情形下，即使系协助法院执行，保险公司亦违反了法律规定及合同约定，故判决保险公司仍要向投保人

---

① 无锡市中级人民法院（2014）锡执异字第 0037 号中国平安人寿保险股份有限公司无锡中心支公司、江苏龙城典当有限公司与朱永良、许菁等典当纠纷执行裁定书。

继续履行合同①。

但近几年的类似诉讼②中，审理法院认为，执行法院在执行过程中裁定解除保险合同、提取现金价值并向保险公司发出协助执行通知书，系执行法院代位投保人向保险人发出了解除合同的意思表示。参照《民事诉讼法》第二百四十三条的规定，人民法院为扣留、提取被执行人收入时作出的裁定、协助执行通知书，有关单位在收到上述材料后必须办理，故保险合同因执行法院代位行使解除权已经被解除，投保人与保险公司之间的保险合同权利义务已经终止，投保人要求保险公司继续履行合同并赔偿损失缺乏法律依据。

（二）最高人民法院的相关司法解释

最高法院早在 2010 年着手起草《最高人民法院关于适用〈中华人民共和国保险法〉若干问题的解释（二）》时已关注到保单现金价值强制执行的问题。《最高人民法院关于适用〈中华人民共和国保险法〉若干问题的解释（二）（送审稿）》第十六条曾规定："投保人的债权人依据生效的法律文书向人民法院申请强制执行投保人享有现金价值请求权的保险单的，人民法院可以裁定执行，但属于被保险人或者受益人生活所必需的除外。裁定执行的，人民法院应当通知保险人、投保人、被保险

---

① 王静．保险类案裁判规则与法律适用［M］．北京：人民法院出版社，2013：229-231．
② 无锡市滨湖区人民法院（2016）苏 0211 民初 4794 号民事判决书。

人及受益人。被保险人或者受益人自收到该通知之日起三十日内，主张向债权人支付相当于保险单现金价值的款项并变更投保人的，人民法院应予准许。"但最终公布的正式稿中删除了该条。

后续司法解释的起草过程中，最高法院拟对该问题继续进行规范。《最高人民法院关于适用〈中华人民共和国保险法〉若干问题的解释（三）》（征求意见稿二）第四十九条曾规定："投保人的债权人申请扣押或者强制执行保险单的现金价值，并要求以保险单的现金价值偿还其债务，符合法律规定的，人民法院应予支持，并要求保险人将剩余的保险单的现金价值退还投保人。投保人的债权人申请扣押或者强制执行保险单的现金价值，应当通知被保险人和受益人。被保险人、受益人或者被保险人同意的其他人，在收到通知后三十日内向投保人的债权人支付债权人因保险合同解除可以获得的款项的，对投保人债权人的申请，人民法院不予支持。被保险人、受益人或者被保险人同意的其他人向投保人及其债权人支付相当于保险单的现金价值的款项后，要求变更其为投保人的，人民法院应予支持。"

但囿于该问题属于程序法上的问题，在实体法司法解释中予以规定不甚妥当，最终公布的司法解释里未能保留相关内容。[①]

[①] 最高人民法院民事审判第二庭. 最高人民法院关于保险法司法解释（三）理解与适用 [M]. 北京：人民法院出版社 2015：439.

三、保单现金价值总结

纵观前述司法实务中的不同观点,本书认为,厘清保单现金价值是否具有可执行性、构建具体强制执行的方式与程序,关键在于以下三个方面:

一是保单现金价值的来源及其权属,尤其是在投保人、被保险人及受益人分离的情形下,保单现金价值应当归属于何人,这是保单现金价值具有可执行性的前提;债权人与受益人的利益保护顺位如何衡量以及保单现金价值是否属于维持生活必须而不得执行的财产。

二是债权人与被保险人、受益人等各方当事人的利益如何平衡。

三是保单现金价值的执行方式及程序,尤其是在投保人未自行解除的情形下,法院能否强制解除合同?保单现金价值强制执行的程序如何构建。

第三节　人身保险金的夫妻财产归属

保险金是保险人根据保险合同的约定,对被保险人或者受益人进行给付的金额；或者当保险事故发生时，对物质损失进行赔偿的金额。由于保险金的定性不管是夫妻一方财产抑或是夫妻双方共同财产，一般都只涉及夫妻之间的利益关系，故应首先尊重夫妻双方在保险金归属问题上的意思自治。也即，应允许并尊重夫妻双方对保险金约定为夫妻一方所有、共同所有或部分共同所有、部分个人所有。在夫妻双方就保险金的归属问题无法达成意思一致的情形下，则应按不同人身保险类型而做不同处理。

人身保险是以人的生命或身体为保险标的，在被保险人的生命或身体发生保险事故或保险期满时，依照保险合同的规定，由保险人向被保险人或受益人给付保险金的保险形式。人身保险包括人寿保险、伤害保险、健康保险三种。在财产保险中，保险人承担的是保险标的损失的赔偿责任，而在人身保险中，保险人承担的是给付责任，不问损失与否或损失多少。人身保险通常均为定额保险，关于人身保险金的分割，主要的规定见于《第八次全国法院民事商事审判工作会议（民事部分）纪要》第五条第一款：

"婚姻关系存续期间，夫妻一方作为被保险人依据意外伤害保险合同、健康保险合同获得的具有人身性质的保险金，或者夫妻一方作为受益人依据以死亡为给付条件的人寿保险合同获得的保险金，宜认定为个人财产，但双方另有约定的除外。"

江苏高院民一庭《家事纠纷案件审理指南（婚姻家庭部分）》：

"婚姻关系存续期间，夫妻一方作为被保险人依据意外伤害保险合同、健康保险合同获得的保险金，主要用于受害人的治疗、生活等特定用途，具有人身性质，应当认定为个人财产。"

夫妻一方作为受益人依据死亡为给付条件的人寿保险，典型的例如女方母亲投保，女方父亲作为被保险人而指定女儿（即夫妻关系中的女方）为受益人的保险，在女方父亲身故之后给付的保险金，应当为女方的个人财产，与配偶无关。

婚姻关系存续期间，夫妻一方依据以生存到一定年龄为给付条件的具有现金价值的保险合同获得的保险金，该保险具有一定的投资属性，由此获得的投资收益，应当认定为夫妻共同财产。

一、意外伤害保险

意外死亡给付和意外伤残给付是意外伤害保险中，保险公司的基本给付责任，其派生责任还包括医疗给付、误工给付，丧葬费给付和遗属生活费给付等。例如：平安个人意外伤害保险（B款）条款中约定的身故保险金、伤残保险金、医疗保险金、误工津贴保险金和住院护理津贴保险金等。

其中，身故保险金、伤残保险金、医疗保险金、住院护理津贴保险金等都具有人身性质。根据《民法典》"婚姻家庭编"第一千零六十三条第二项的规定，"夫妻一方因受到人身损害获得的赔偿或者补偿均为其个人财产。"理由在于，一是该费用与身体受到伤害一方的人身关系具有密切关系，是对受害人治疗和抚慰的专门费用，其赔偿对象和条件是特定的；二是该费用并非是夫妻关系存续期间一方的劳动收入，夫妻另一方也未对该费用的取得尽到协力义务。根据该规定，上述意外伤害保险中的伤残保险金、医疗保险金、住院护理津贴保险金等都具有人身性质，应认定为夫妻一方的财产。

而误工津贴保险金则是针对夫妻一方因受伤害耽误工作而减少收入进行的补偿，一般不具有人身性。应根据《民法典》"婚姻家庭编"第一千零六十二条的规定，可以参照工资、奖金，作为夫妻共有财产。

二、健康保险

重大疾病保险、医疗保险的保险金给付都是针对人身损害，具有人身属性，故这类人身属性保险金一般应认定为受到伤害的夫妻一方的个人财产。但现实生活中也有个别综合性健康保险给付的保险金中存在不具有人身性质保险金给付项目。例如：平安中老年综合医疗保险条款中就约定了银行卡盗刷损失，即在保险期间内,被保险人的银行卡被他人盗刷、盗用、复制,对被保险人为此遭受的资金损失,保险公司予以赔偿1至10万元。显然,这里的银行卡被盗刷资金如为夫妻共同财产,则相应的损失赔偿也应属于夫妻共同财产。

至于失能收入损失险,是指当被保险人因遭受伤害或意外伤害而暂时或永久丧失劳动能力,通过这样的保险得到定期收入。失能收入损失险所提供的保险金不一定能完全补偿被保险人因伤残而遭到的收入损失,但毕竟是对收入损失的补偿,其实质为一方应得工资、奖金和生产、经营收入的替代。因此,也可根据《民法典》"婚姻家庭编"第一千零六十二条的规定,作为夫妻共同财产。

三、人寿保险

人寿保险可分为多种,其中包括定期人寿保险、终身人寿保险、生存保险及生死两全保险。

定期人寿保险的特征是被保险人在保险期间死亡,受益人有权领取保险金;被保险人在保险期间未死亡,保险公司则无须支付保险金,也不返还保险费。

终身人寿保险是一种不定期的死亡保险。由于被保险人的死亡是必然的,因而终身保险的保险金最终必然要支付给受益人。由于终身保险保险期长,故其费率高于定期保险,且具有储蓄的功能。

生存保险则是指被保险人必须生存到保险期满时才能够领取保险金。若被保险人在保险期间死亡，则不能主张收回保险金，也不能收回已交保险费。

生死两全保险是指被保险人在保险期间里死亡，受益人领取约定的死亡保险金，被保险人生存至保险期期满，则投保人领取约定的生存保险金的人寿保险。

在离婚案件中，如果夫妻双方对夫妻一方作为受益人依据以死亡为给付条件的人寿保险合同获得的保险金归属产生争议时，应根据日常生活经验，探求当事人指定特定受益人的真意。一般而言，如果被保险人将其指定的特定人作为其死亡保险金受益人，该受益人大多与其有血缘、亲缘等某种特殊情感联系。相应地，该受益人因此获得的死亡保险金是基于其与被保险人或投保人的某种人身关系。从探求当事人真意出发，宜解释为被保险人或投保人只想让与其有某种特定人身关系的受益人本人得到该笔保险金。因此，这里可参照《民法典》"婚姻家庭编"第一千零六十三条第三项以及原《婚姻法解释三》第七条第一款"婚后由一方父母出资为子女购买的不动产，产权登记在出资人子女名下的，可按照婚姻法第十八条第（三）项的规定，视为只对自己子女一方的赠与，该不动产应认定为夫妻一方的个人财产"之规定，宜将夫妻一方在婚姻关系存续期间，作为受益人依据以死亡为给付条件的人寿保险合同获得的保险金认定为其个人财产。

对于一方作为身故受益人所取得的保险金为一方个人财产，根据对《民法典》"婚姻家庭编"第一千零六十三条第三项和《保险法》第四十二条①的结合理解，可以合理推定此处的保险金是被看作对身故受益人的单方赠与。因此，可以通过保险的身故理赔金实现一个简易的单方的赠与效果，且不需要赠与合同和其他补充协议。只不过这个赠与行为是发生在被保险人身故后的。

在美国，根据不同的投保结构（投保人、被保险人和受益人），身故保险金只会被认定为两种性质：赠与（视为赠予）或遗产。由于美国有联邦遗产税和赠与税，所以人寿保险金的这两种认定形式都有可能直接导致高额税收。正因如此，在美国，并不能单独依靠人寿保险完成遗产税规避的作用，需要与不可撤销信托相配合。

而在中国，人寿保险理赔金在未指定受益人或者受益人指定不明确的情况下会被视作被保险人的遗产。但是根据《保险法》第四十二条，如果一张保单在保险事故发生前指定了身故收益人，并且身故受益人在保险事故发生时仍然明确且存活的，保险金不

---

① 《中华人民共和国保险法》第四十二条：被保险人死亡后，有下列情形之一的，保险金作为被保险人的遗产，由保险人依照《中华人民共和国继承法》的规定履行给付保险金的义务：
（一）没有指定受益人，或者受益人指定不明无法确定的；
（二）受益人先于被保险人死亡，没有其他受益人的；
（三）受益人依法丧失受益权或者放弃受益权，没有其他受益人的。
受益人与被保险人在同一事件中死亡，且不能确定死亡先后顺序的，推定受益人死亡在先。

会被视作被保险人的遗产。具体法律依据可参见《保险法司法解释三》第九条的规定。①

四、生存保险和两全保险

《第八次全国法院民事商事审判工作会议（民事部分）纪要》第五条第二款规定：

> "婚姻关系存续期间，夫妻一方依据以生存到一定年龄为给付条件的具有现金价值的保险合同获得的保险金，宜认定为夫妻共同财产，但双方另有约定的除外。"

这个条款中提到的以生存到一定年龄为给付条件的具有现金价值的保险合同主要有生存保险和两全保险。生存保险除了一般的定期生存保险如子女教育金、婚嫁金保险外，主要类型是年金保险。年金保险是指在被保险人生存期间，保险人按照合同约定的金额、方式，在约定期限内，有规则的、定期向被保险人给付保险金的保险。年金保险同样是以被保险人的生存

---

① 《保险法司法解释三》第九条：投保人指定受益人未经被保险人同意的，人民法院应认定指定行为无效。

当事人对保险合同约定的受益人存在争议，除投保人、被保险人在保险合同之外另有约定外，按以下情形分别处理：

（一）受益人约定为"法定"或者"法定继承人"的，以继承法规定的法定继承人为受益人；

（二）受益人仅约定为身份关系的，投保人与被保险人为同一主体时，根据保险事故发生时与被保险人的身份关系确定受益人；投保人与被保险人为不同主体时，根据保险合同成立时与被保险人的身份关系确定受益人；

（三）约定的受益人包括姓名和身份关系，保险事故发生时身份关系发生变化的，认定为未指定受益人。

为给付条件的人寿保险，但生存保险金的给付通常采取的是按年度周期给付一定金额的方式，因此称为年金保险，具体可分为个人养老保险、定期年金保险。

两全保险也称"生死合险"或"储蓄保险"，是指无论被保险人在保险期间死亡还是被保险人到保险期满时存活，保险公司均会给付保险金。两全保险是人寿保险中价格最贵的险种。两全保险可以提供老年退休基金，可以为遗属提供生活费用，特殊情况下还可以作为投资工具、半强迫性储蓄工具，或者可以作为个人借贷中的抵押品。

由于上述保险类型都具有储蓄性，即生存到一定年龄，保险公司给付的保险金一般都大于其所收取的保险费，故均具有一定的投资属性。相应地，生存到一定年龄后所取得的保险金都可作为投资收益，由于该收益的获得发生在婚姻关系存续期间，故根据《民法典》"婚姻家庭编"第一千零六十二条的规定，应属于夫妻共同所有的财产。

如果夫妻一方用自己的个人资产置换或者购买的保单，此时领取的年金被视为夫妻共同财产的依据是什么？最高人民法院的肖峰法官曾经在论述中认为，如果投保人为自己所投生存保险、两全保险所支付的保费是以个人财产支付，那么，最终所得保险金扣除所交保费的剩余部分可作为夫妻共同财产分割。

我国《民法典婚姻家庭编司法解释（一）》中提到过三种收益的认定问题，这三种收益类型分别为：孳息、自然增值、投资收益。这些收益并没有对应的《物权法》解释,因此,目前无法确定保单中的诸多生存利益(分红、年金、生存金、现金价值)的具体性质属于孳息、自然增值、投资收益中的哪一种,且未有立法的直接规定。最高人民法院法官吴晓芳对于孳息、自然增值、投资收益的观点如下:"我们认为,婚姻法司法解释(三)第五条的'孳息'一词应做限缩解释,专指非投资性、非经营性的收益。投资、经营收益与孳息收益的不同之处在于具有风险性、不确定性和主观性的特点……夫妻一方个人财产在婚姻关系存续期间的自然增值,是指该增值的发生因通货膨胀或市场行情的变化而致,与夫妻一方或双方的协作劳动、努力或管理等并无关联。"

根据以上的观点,保险的生存金和年金比较接近孳息的范畴,明显不属于投资收益。从这个角度分析的话,如果一方用婚前个人财产购买的保单,生存金和年金应该依然属于一方个人的财产,并且这份财产以保单的形式独立存在,较难产生混同。

年金和生存金被归为夫妻共同资产的最有可能的原因是:将年金和生存金视为收入。年金或者生存金被视为收入的可能性是存在的。根据美国的税务规定,如果一个美国税务居民从被认定为年金和MEC(两全)的产品中提取金额,该金额会被视作为收入,要求在1040税表中申报。未来中国将保单生存利益归为收入的可能性是存在的。但是将保单的生存利益归为收入后，相关保险金的领取会和税收产生联系，从而产生一系列的问题。比如：收不收税？收什么税？是全部计入累积纳税还是只针对一部分纳入？部分计入的话如何计算计入的金额？如果不领取的话是否可以延后纳税……

其实在这些问题上，中国可以参考美国综合所得税制下的经验。另外，我国在"十三五"规划中也明确地提出优化税制结构，提高直接税比例。所以将领取保险的生存利益算作收入跟未来税制改革的逻辑也是匹配的。

综上所述，生存利益的归属问题还存在一定的法律属性上的不确定性。这与保险资产在家庭资产中配置相对不高因而未引起立法司法机关的重视有关。

第四节　保险的家庭保障

尽管在离婚、债务纠纷之时，保险并不是一剂万能药，但是对于家庭的保障而言，保险依然有着重要的作用。

虽然没有确切的数字，中国家庭中对重疾保险的投入是普遍较少的。个中原因，在没有大规模准确统计或者调研之前，很难分析清晰。但以下几个因素很可能影响了中国家庭特别是中产阶层与都市白领对重疾保险的投入：第一，中国市场上以理财为主要功能的保险销售占据比例较高，民众对保险的认识比较片面，甚至被误导甚多；第二，受中国传统文化中"讳疾忌医"的影响，很多人不愿相信自己会染上重疾这样的小概率事件，更别提要为此事提前做好财务上的规划。

事实上，重疾类保险的杠杆作用不容忽视的。随着医疗技术的发达，重大疾病往往不会摧毁一个人的身体，但很可能摧毁一个人甚至一个家庭的经济健康。因此，购买重疾类保险，至少形成了一道或多或少保障家庭经济健康的防火墙。消费型的重疾类保险都有一定的杠杆。所谓杠杆，是指一旦发生重疾，保险所能赔付的金额通常远远高于投保额。简言之，重疾类保险就是用每年可以承受的支出，去应对一项潜在的无法负担的巨大开支。对重疾类保险支出的心理障碍是：在不发生重疾的情况下，此类支出属于纯粹的支出，在支出之时看不到任何现实的回报。事实上，形成杠杆作用的或有的回报就是此类支出的回报。

归纳一句话，即在投资中，应当慎用杠杆，因为一旦发生黑天鹅性质的事件，投资的本金很可能分文不保。而在保障未来方面却需要杠杆。保险是一项很好的杠杆工具。遗憾的是人们往往实施了相反的策略：以存款作为对未来的保障，却在投资中加了杠杆。结果是：无论是投资还是家庭成员的健康，一旦发生小概率事件，很难维系中产阶层的"体面"生活。

保险作为金融产品，最早可追溯到七百多年前的亚平宁半岛，即今日之意大利的地中海领域，主要用于对冲海运的风险与航船回归的不确定性。随着人们在更多的场合与更多的领域对风险与不确定性的厌恶，保险不再局限于海运领域，逐渐发展于其他领域。演变至今，保险的险种已经非常齐全，不仅有财产险、责任险，还有与财富保全与传承最相关的人寿保险。

人寿保险在财富传承中的核心功能并未脱离其最初设立的本质，即对冲不确定性，以杠杆模式用小付出锁定大利益。人生有可能发生变故，例如，身体有恙，甚至发生意外身故；事业发展也有可能受挫，例如，碰到黑天鹅事件、碰到产业政策调整等，上述事项发生的概率极小，但本质上都是可能发生的，这就是所谓的"不确定性"。事实上，不确定性在生活中方方面面都存在。就如在路边临时停车，被交警贴条的概率很小，但是一旦被贴一次，也会被罚 200 元人民币。但是总有人抱着侥幸心理而违章停车，因此交警也总是有逮到违章停车的机会。被贴条固然心疼，但 200 元人民币总还是在可以承受的范围之内。但如果在别的方面，例如，某一天子女想留学但是没足够预算、因重疾失去稳定收入，在超高净值家庭发生的可能性极低，但对于处于中产及以上资产上升期的家庭而言，这种不确定性发生的概率相对更高一些，也更让其难以承受。

人寿保险这一金融工具恰恰对这些"不确定性"提供了一个对冲工具。所谓对冲，并不是绝对避免这种不确定性（小概率事件）的发生，而是一旦发生，就能降低这种不确定性的消极后果。正如开车上高速要系安全带，并不是因为系上了安全带就绝对不发生事故了，而是万一发生了事故，系了安全带会比不系安全带受到的损害小很多。保险也正是同样的对冲逻辑：购买人寿保险，是为了万一发生了不确定性（小概率事件），家人也能因保险金而大致维持既有的生活水平，家庭规划不会因为资金短缺而发生重大变化。一方面，保险是对冲不确定性的资产安排，另一方面，保险也是"灾难性"收入——发生灾难之时的一笔大额收入。

第八章

保险金信托

近些年，诸多在中国大陆营业的人寿保险公司与信托公司逐步在市场上推介保险金信托业务，保险金信托业务逐步成为行业热点。

保险金信托作为一项我国新进入市场的金融产品，其结合了保险的保障功能与信托的长期资产管理功能，属于金融工具的叠加组合。具体而言，在基于保险法律关系而获得的保险金赔付之后，所赔付的金额并未如传统的保险那样直接交付给其指定或者法律推定的自然人，而是交付到投保人/被保险人事先所设立的信托中，由信托公司以家族信托或单一信托的模式对该笔赔付金进行管理，并根据信托文件中预先确定的机制，逐步将该笔财产分配给指定的人士或者用于指定的用途。简言之，保险金信托是对保险赔付金的灵活、长期使用，避免了"受益人获得一次性大额赔付"可能带来的消极影响，同时对受益人不再适用继承程序，这也有利于降低实践中因继承纠纷而引发诸多家庭内部诉讼等现象，有利于促进社会和谐。

保险金信托本质上并不是一个商事制度，而是一项保障家人生活的法律安排。因此，有必要将之作为家事法的内容之一予以解读。

第一节　保险金信托的合法性基础

不论怎样设计保险金信托的法律结构，保险金信托都不会脱离《保险法》所确立的保险法律关系，即投保人、被保险人与受益人。因此，保险金信托的法律依据，首先需要考察《保险法》对保险金信托的容纳性。

区别于传统保险，保险金信托业务就是信托（通常是指家族信托）替代了自然人承担了保险关系中的某个角色。从保险法律关系的角度看，人寿保险的被保险人应该是自然人，这是信托替代不了的。因此《保险法》中与保险金信托关系较为密切的，就是有关投保人及受益人的相关规定。

一、信托作为投保人时的保险利益问题

根据《保险法》第三十一条的规定，为保证保险合同之效力，要求订立合同时，投保人对被保险人具有保险利益。但信托并非自然人或经营实体，无法因特定亲属关系（配偶、子女、父母）或劳动关系对被保险人产生保险利益，故信托担任第一投保人订立保险合同时，应要求被保险人提供同意信托（由信托公司代表）为其投保的书面文件。

关于信托为未成年人投保死亡保险的禁止规定。禁止家族信托将未成年人作为被保险人投保死亡保险。根据《保险法》第三十三条及其司法解释三第六条的规定，只有未成年人父母，以及未成年人父母之外的其他履行监护职责的人且经未成年人父母同意，才能为未成年人订立死亡保险。当家族信托作为投保人时，因家族信托不具备未成年人之监护人的身份，法律上不允许为未成年人投保死亡保险。但保险金信托业务的财富传承功能多采取以父母为被保险人的方式投保大额人寿保险，在被保险人去世之后，子女达成从父母辈继承其财富的目的。

二、信托担任保险受益人的合法性

目前，《保险法》仅针对单位为与其具有劳动关系的自然人

投保的受益人范围有所限定，但对于个人或信托为自然人投保的，未限制投保人或被保险人指定的受益人范围，因此信托可以成为保险合同的受益人。但根据《中国人民银行办公厅、保监会办公厅关于投保人与被保险人、受益人关系确认有关事项的通知》（银办发〔2016〕270号），要求投保人说明受益人与投保人的关系。信托作为受益人与投保人存在何种关系，目前相关法律法规尚未有明确规定，须由保险公司在实际操作中采取措施明确对于信托与投保人关系要求。

综上所述，虽然《保险法》并未明确禁止非自然人的信托作为人寿保险的投保人或者受益人，但是在审查投保人与受益人之间的关系之时，应当穿透信托看信托背后的自然人主体。但是在现行的立法框架下，很难明确究竟是信托的委托人、监察人还是受益人实质性"代表"了信托。这属于后续需要立法或者监管部门进一步明确的地方。

保险金信托区别于普通的资金型家族信托的特点主要在于：第一，这是一种财产权信托，即以保险请求权为信托财产的信托；第二，这是一种远期交付的财产权信托，即只有赔付了之后才实际进入信托。因此，《信托法》中与其密切相关者，即《信托法》对于信托财产和信托目的的相关规定。

《信托法》第六条规定："设立信托，必须有合法的信托目的。"并且第十一条第（一）项规定，信托目的违反法律、行政法规或者损害社会公共利益的，信托无效。因此，成立保险金信托必须有合法的信托目的，例如：作为家族财富传承的工具，实现家族财富的高效利用和有序传承等。

《信托法》第七条规定："设立信托，必须有确定的信托财产，本法所称信托财产必须是委托人合法所有的财产，本法所称财产包括合法的财产性权利。"在人身保险法律关系确立之后，事实上保险金的支付只是一个时间问题，因此，保险请求权作为一项确定性的财产权，是不存在问题的。以保险请求权作为信托财产，符合《信托法》的规定。

《信托法》第十条规定："设立信托，对于信托财产，有关法律、行政法规规定应当办理登记手续的，应当依法办理信托登记。依照前款规定办理信托登记的，应当补办登记手续；不补办的，该信托不产生效力。"根据该规定，若用于设立信托的财产属于应当办理转移登记的，则信托应当就财产办理登记。但保险金信托业务以保险请求权作为信托财产设立信托，不涉及股权、不动产等需要办理登记手续的财产，无须办理权利转移登记。

综上所述，现行《信托法》对信托财产的规定是较为原则性的，并未明确注明保险金请求权作为信托财产的适当性，也未明确列举排除。从保险金请求权的性质来看，保险金信托是符合《信托法》对信托财产的要求的，因此从《信托法》角度看，保险金信托业务是不存在法律障碍的。

第二节 保险金信托的业务规范基础

一、国内保险金信托业务发展及现状

我国在 20 世纪 90 年代初已经有了一些关于保险金信托产品的讨论，但由于其产品受众以高净值群体为主，当时的中国还没有足够的市场及客户基础，因而仅限于业内讨论。2000 年以后，我国经济加速发展，财富日益累积，高净值客户群体日益壮大，保险和信托机构开始筹备保险金信托业务，伴随着家族信托产品的问世与发展，作为家族信托分支的保险金信托才真正落地，进入发展的快车道。2014 年到 2017 年 4 年间，保险金信托获得飞速发展，管理规模不断扩大。从产品来看，主要以定制化的信托方案对接终身寿险和大额年金险产品，一般要求身故保额在 500 万以上，年金年缴保费在 30 万以上。

随着银保监会 37 号文的出台，保险金信托作为家族信托的类型之一，也获得了更为明确的法律地位。同时，考虑到家族信托最低初始受托财产 1 000 万的要求，未来必然会出现保险金信托所涉及的资产更为庞大，因此高额保单在保险金信托中的集中度更加突出，给保险金信托的展业机构带来了更大的合规

压力。

外观上看，保险金信托是一种法律与金融工具，但从其用途来看，它也是实现家庭成员保障、隔离债务风险及实现家庭财富传承的重要工具，其家庭属性，高于金融属性。

二、保险金信托的法律结构

保险金信托是一个业务上的统称，从法律结构上看，它可以存在不同形式的法律结构与法律关系。

（一）保险金信托初级模式

保险金信托的初级模式是指人寿保险与家族信托均成立后，经被保险人同意，投保人将受益人变更为信托公司。信托公司作为身故保险金受益人，在保险合同约定的理赔条件满足之后，接受保险金并按照信托合同约定的方式对保险金进行后续管理和分配。之所以称其为初级模式，是因为此类结构中，保险与信托相对独立，只是在保险金的赔付方面产生了衔接，其基本法律结构如图8-1所示：

在保险金信托初级模式下，信托公司仅需扮演"保险受益人"的角色，缴纳保费的义务仍然由投保人自行承担，能较小程度上改变原有的保险关系。此类保险金信托的结构虽然简单，但是相对于传统的保险，它衔接了资产的长期管理功能；保险

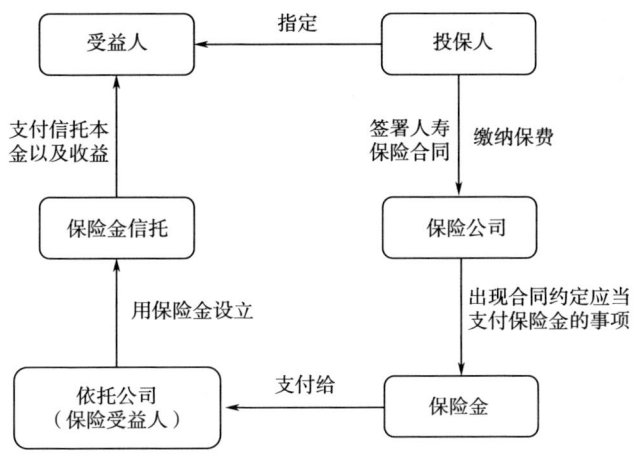

图 8-1 保险金信托初级模式法律结构

金信托相对于资金类的家族信托，实则降低了家族信托的设立门槛，即设立人无须一次性交付巨额信托财产，可以利用人寿保险的杠杆功能较为轻松地达到 1 000 万的信托财产准入要求。

实践中，保险金信托的初级模式可能存在如下问题：

一方面，由于保险成立时，约定的给付保险金的情形尚未发生，因此，所谓的"信托财产"是一项未来财产的请求权。信托公司需要经历一段较长的无实际需要管理的信托财产运营期，除非除了保险金之外，另有其他信托财产供信托公司管理。

另一方面，在此模式下，虽然被保险人去世之后，投保人达到了家族资产与财富传承与管理的目的，但在约定的保险事故发生之前，该保单的现金价值仍然属于投保人所有，在投保人债务的隔离功能上较为有限。

据悉，现在市场上主要开展的保险金信托模式是此类初级模式。保险金信托的初级模式,对保险行业、信托行业及其他中介行业熟悉了解保险金信托业务,具有很好的普法与演练作用。但是此类型保险金信托毕竟是一种较为初级的模式,并不能满足投保人、受益人在财富传承与风险隔离方面的诸多需求。

(二)保险金信托中级模式

中级模式是初级模式的升级版本,理论上其功能更加全面,能满足多种社会需求。在中级模式下,保险与家族信托均成立后,先由自然人担任投保人,缴纳初期的保费;然后通过保单的变更,将投保人、受益人均变更为信托公司,由信托公司利用信托财产继续缴纳保费。信托公司同时作为投保人和身故保险金受益人,受托持续支付保险费,管理未来分配获得的保险金,并根据信托合同进行信托收益的分配。

在保险金信托中级模式下,由于家族信托设立之时需要委托人交付特定数额的可变现的金融资产(通常为现金),以保障该信托能继续缴纳保费,具有两项积极意义:第一,保单的持有人在变更成信托公司后,法律上不再属于投保人的责任财产,在债务隔离方面相比于保险金信托的初级模式有显著的优势;其次,家族信托拥有足以缴纳保费的资产,保险公司无须担心续缴保费会意外中断的问题。当然,其前提是信托财产中管理的现实流动性的资产已经足以覆盖后续需要缴纳保费的数额。

在保险金信托中级模式下,保险事故发生前,家族信托即已实际管理运营信托财产。因此保险金信托中级模式丰富了信托资产的组合，利用保险杠杆效应传承资产，满足了更多高净值客户的资产保全与传承需求。但由于委托人需在保单之外额外提供信托财产设立家族信托，这也提高了保险金信托的设立门槛。同时，由于是委托人先行投保再由家族信托缴纳保费，存在一个变更投保人的环节，在转化过程中可能存在被委托人的债权人保全的风险。因此，为了避免为了设立保险金信托损害债权人利益而被撤销的风险，有必要对投保人进行尽职调查。

从早期的相关调研来看，各个展业机构均对保险金信托中级模式关注较多，其也被认为是未来业务发展的重点方向。保险金信托的中级模式是保险金信托的一种典型模式，也是各项研究调研的示范模式。

(三) 保险金信托高级模式

保险金信托高级模式是指家族信托成立后，由信托公司根据信托合同的约定，使用信托财产主动为信托受益人购买保险，以投保人的身份订立保险合同，由此，保险合同的投保人、受益人都为信托公司；在个别险种中，家族信托则只承担投保人的法律地位，受益人为家族成员，典型的保险。如：重疾险、医疗险等。

对于保险金信托的高级模式，从域外经验来看，是一种高级的财富管理与家族传承模式，但其适用的范围并不广泛。家族信托作为家庭资产的管理者，可以主动为家庭成员配置保险，将保险作为家庭资产配置的必要模块，避免家庭成员对保险的不了解或者误解而不购买保险。

保险金信托高级模式是为客户构建统一的家庭保单和财富受托平台，从投保阶段、保单持有、理赔之后的三个维度为客户家庭的保单提供全方位托管服务，使得大额保单+信托组合真正成为超高净值客户家庭财富保护、传承、保值增值的最佳选择。

在保险金信托初级模式与中级模式下，购买保单的核心意义在于利用保险的杠杆作用，用较小的资金撬动一份未来较大的金额，因此在保险类型上，以定期寿险与终身寿险为主。而在保险金信托高级模式下，家族信托所承担的主要是投保人的角色，保险金所能够容纳的保险类型相对更多，除了典型的定期寿、终身寿，还有两全险、年金险、重疾医疗保险等，其核心目的是家族信托利用其专业知识及所掌握的资金，为家族成员的保障与传承提供服务。当然，保险金信托高级模式并不排斥定期寿险或者终身寿险。

从市场来看，保险金信托高级模式在操作中还存在若干问题，简单而言，现阶段国内的家族信托管理水平与保险金信托高级模式并不匹配。因此，我们判断，短期内保险金信托高级模式很可能只限于信托作为投保人（保费支付来源）这样的法律地位，从法律结构上看比中级模式反而简单。

保险金信托业务在中国发展迅速，不同的模式有着不同的法律结构，其维护的成本也是不一样的。不同的模式也适用于不同资产的家庭，从投保人的角度，也需要根据家庭总资产、需要保障的人的情况（小孩还是成年子女）、债务危机的风险等多个因素来综合选择。保险金信托作为家庭财富传承和风险隔离的重要工具，是需要专业人士予以指导才能进行个性化设立的方案。

三、解读银保监会的规范性文件

2018年8月17日，银保监会颁布了《信托部关于加强规范资产管理业务过渡期内信托监管工作的通知》。（信托函〔2018〕37号，以下简称《37号文》）。《37号文》在业界被解读为监管部门对"家族信托"业务的有条件的支持，即一旦符合监管所定义的"家族信托"，那么其信托资产的管理不适用《关于规范金融机构资产管理业务的指导意见》（银发〔2018〕106号，以下简称《指导意见》）。

信托业内对《37号文》的关注并不仅仅在"不适用"《指导意见》之上，更在于对家族信托的定义。严格来说，家族信托业务在我国获得宣传与推介的许可已经超过5年，但是对家族信托业务的定义、定性及监管一直处于"法无禁止皆可为"的状态。虽然从中国的立法体系来看，银保监会的一纸通知并不具有正式立法的效力，但它还是代表了监管"认可并纳入监管体系"的态度。

从域外的成熟经验来看，保险金信托是家族信托的重要形式。因此，《37号文》规范家族信托业务，对保险金信托业务自然有着重要意义。具体而言，《37号文》对未来保险金信托业务的产生具有两方面的影响：第一，信托财产的金额或者价值不得低于人民币1 000万元整。信托要转化成保险金信托，保额不得低于人民币1 000万元整，即将对象限定于了相对高额的保单范畴；第二，认可委托人在设立信托（包括保险金信托）之时具有的"家庭财富的保护、传承和管理"的信托目的，这也是保险金信托较传统的人寿保险所具有的相对突出功能。

因此，《37号文》开启了家族信托规范化的序幕，对各个信托公司展业的规范化、合规标准趋同化具有显著的指导意义。《37号文》针对的主要是信托公司，但是客观上也涉及保险金信托业务。对于保险金信托业务的从业机构之一，即保险公司业务的宣传、推介、合规要求等方面也具有指导意义。

第九章 慈善与信托的参考分析

第一节 境外家族信托

随着经济的发展,投资、教育全球化的热度不断攀升,越来越多的高净值客户开始主动寻求全球化资产配置。而境外家族信托,作为一个具有悠久历史的财富传承与风险隔离的有效工具,成为许多高净值客户布局跨境财富管理与传承时的首选,基于其结构的灵活性与信托的私密性,国内也不乏Pre-IPO创始人在谋求公司境外上市时有境外信托持股的安排。典型的案例如:马云通过家族信托持股阿里巴巴;港股上市公司小米在持股结构中也设立了多个信托,小米主要的创始人雷军就设立了家族信托以持有小米的股票。

一、境外家族信托的基本概念

境外家族信托的部分概念与境内的信托有所不同。下面介绍有关境外家族信托的基本概念。

委托人（settlor），即设立信托的人，是指在信托契约上作为信托公司的相对方签字的人。同时，他也是信托财产的授予人、个性化信托的定制人，是整个信托设立中最重要的主体。

受托人（trustee），即接受委托人交付的财产，管理、处置信托财产的人，通常是境外信托公司。

受益人（beneficiary），是指有权从信托中获得利益、接受信托财产分配的人。受益人由委托人指定。指定的方式包括直接指定，即在信托契约中明确他们的姓名；也可以通过设定一定的标准指定，例如："设立人与其配偶生育的子女及他们的后裔，并且不包括收养的子女"。

保护人（protector），是指对受托人行使权力进行监督（例如，约定受托人行使部分权力需要经过保护人的同意），通常是委托人信任的人。担任保护人的，既可以是委托人的近亲属成员，例如：配偶、成年的子女；也可以是律师等专业人士；或者是家族办公室。

信托契约（trust deed/deed of settlement），是指委托人与受

托人之间签署的法律文件，也是设立信托过程中最重要的一份文书，明确各自的权与责、信托受益人、信托财产、信托期限、信托管辖法等。在双方签署信托契约后，信托即告成立。

可撤销信托（revocable trust）和不可撤销信托（irrevocable trust）。顾名思义，可撤销信托准许委托人更改信托契约内容或是撤销信托，而不可撤销信托设立后，委托人不得随意撤销。需要明确的是，即使是不可撤销信托，也是可以通过将所有资产分配出去的方式，变相完成信托的撤销任务。

二、境外信托管辖法域的选择

关于境外家族信托，通常是指设立在中国大陆之外的信托。常用的法律术语叫作"管辖法域"（proper law，或 governing law），具体是指该家族信托是依据哪个国家或者地区的法律所设立的，通常也决定了如果信托发生纠纷之时的法律适用。境外是一个通俗的概念，泛指中国大陆之外，并不是特指某个具体的区域。在可供选择的法域中，常见的离岸岛包括百慕大群岛、泽西岛、耿西岛、开曼、英属维京群岛（BVI），还有我们比较熟悉的新加坡与中国香港地区，当然，也包括美国。法域的选择主要的考虑因素包括：①所得税（包括信托持股的公司所得税与分配给受益人的个人所得税）的税率与负担；②允许交付给信托的财产。部分法域不允许信托直接持有不动产。③该区域是否在经合组织国家（OECD）的税务黑名单中，这对于受益人生活在经合组织国家即主要发达国家的人士来说，是一个很重要的考量点。④这个区域的政治与经济稳定性。⑤是否加入了国际税务透明（即 CRS）体系。⑥信托是否可以永续，还是具有特定的期限。例如，新加坡有 100 年的最长期限限制，而中国香港地区在修订法律之后，信托永续成为可能。

Pre-IPO 阶段的项目，因拟上市主体一般为开曼公司，或客户持有的资产主要是 BVI 公司（即依据英属维京群岛法律成立的公司）的股权，一般习惯用开曼群岛或英属维京群岛的法律。这跟公开的招股书所披露的信息是一致的。

非 IPO 项目，即以信托持有金融资产、一二级市场投资为主的信托，一般建议选择地理位置便利、与中国大陆无时差的新加坡或香港地区；如果计划未来让孩子在英国、瑞士等地生活或上学的客户，则建议选择临近伦敦的泽西岛、耿西岛为管辖法域。

此外，管辖法域原则上是可以在设立之后变更的。举例而言，Pre-IPO 项目的信托在公司上市后，可将信托管辖法域由开曼群岛或英属维京群岛更换至监管更严的法域（如新加坡）；也有因上市时，就信托的信息进行了披露，因此上市后直接以新的管辖法域设立新的信托、承接原有信托内已变现资产的方式。

三、境外信托受托人的选择

大部分法域都认可自然人、专业信托公司（或者称作受托人公司）、个人设立的受托人（private trust company）三大类型的受托人。每个选项都有自己的利弊，例如，自然人受托人设立信托最简单。个别的 IPO 项目中也有披露，例如，小米上市的时候，林斌的信托就是以他自己作为受托人，这与他的美籍身份相关。整体而言，用自然人个人作为受托人的在美国不少，但是在其他法域并不多见，常常只是在遗嘱信托中使用。

自然人之外的机构持牌受托人一般包括两大类：私人银行信托公司及独立信托公司。受托人作为整个信托的名义持有人（nominee），在客户选择由哪一家信托公司设立境外信托时，会综合考虑信托费用、信托公司的专业度以及管理人员经验、服务的质量及效率、可提供服务的综合性等因素。具体而言，通常 Pre-IPO 项目倾向于选择独立的信托公司即非银行系的信托公司，因该类信托公司内部合规对客户尽职调查的标准及程序相较于银行系信托公司更简单，反馈也更及时。

而上市后的项目或持有金融资产的客户，通常会考虑由银行系信托公司设立境外信托，因为银行系信托公司最大的优势是可以帮助客户做更广泛的资产配置或提供更专业的金融方面的服务。

四、保护人的规划

信托保护人（protector）是一个无法忽视的重要角色。非常有趣的是，无论在我国大陆的《信托法》中①，还是许多成熟离岸法域的成文信托法中，"保护人"都不是一个立法确定的角色，但依据司法判决及实务，保护人获得了重要的地位。下面通过"什么是保护人""为什么需要选任保护人""如何规划设置保护人"三个部分，尝试对这样一个重要角色进行解读。

（一）什么是保护人？

大部分法域的成文信托法中并未明确信托保护人的定义，在少数对"保护人"进行了定义的法律中，其定义也往往比较抽象，例如，根据新加坡《受托人条例》的规定，保护人是指根据信托文件约定，对受托人管理信托有控制权的人士。（"Protector", in relation to a trust, means a person who, under the instrument creating the express trust, has any control over how a trustee of the trust administers the trust; …）

不同法域的法律中对保护人的定义不尽相同，一般来说，

---

① 我国《信托法》第六十四条规定，"公益信托应当设置信托监察人。信托监察人由信托文件规定。信托文件未规定的，由公益事业管理机构指定。"，"监察人"的职能类似于本书的"保护人"，国内家族信托中亦有参照引入监察人的情况。本书主要针对境外信托展开，不再对国内监察人角色进一步讨论。

保护人系指在信托契约等信托文件中明确约定的、根据信托契约享有对受托人的监督权，以确保信托在长期存续过程中可以更好地实现设立人意愿、维护受益人利益的人士。

简单地讲，保护人是信托层面的监督人，通过信托契约赋予其的相关权力对受托人进行监督，避免受托人权利滥用或者惰于履行职责的这么一个角色。在Pre-IPO的信托及上市公司实际控制人所设立的信托中，保护人这一角色往往是认定控制权的重要依据。

因此，可以通俗地理解为：保护人就是家族信托的实际控制人。

(二) 为什么需要选任保护人？

对设立人而言，在设立境外家族信托时，需要作出的第一个决定，即是否选择设立权力保留信托（reserved powers trust），也即信托的设立人是否在信托中保留特定的权力。在不同的法域中，设立人能保留的权力边界是不一样的，如所保留的权力超过边界，则可能会对信托本身带来不稳定性。

即使是权力保留信托，也需要考虑到设立人的生命周期问题。即设立人即使再寿长，也总有个期限的；更何况当年龄过高时，设立人可能在行为能力方面会出现不确定性。因此，设置法律上独立于设立人的保护人，非常有必要。

境外信托一般多为"酌情信托"（discretionary trust），即根据信托契约约定，受托人可以"自行裁量"信托资产的分配等事宜，受托人的权利是相当大的。而此时保护人，人如其名，在信托结构中可以起到监督及保障信托的受托人按照设立人的意愿去履行管理与分配职责的功能。一般来说，保护人可以根据信托契约的约定，对受托人履行相关信托职责的行为进行监督甚至直接发出相关指令。在酌情信托类家族信托的初始架构设计中加入保护人的角色，一般可以达到以下目的：①在长期的信托存续期间，对受托人形成切实有效的监督；②在家族关系不断变化、家族成员意愿不断调整乃至社会环境与法律环境不时调整的动态过程中，更好地实现信托设立目的，平衡信托在长期存续过程中的灵活性与实现设立人意愿的确定性。

因此，无论是选择哪种类型的信托，都应该考虑设立保护人。

(三) 如何规划设置保护人

从长期来看，由于保护人在信托中具有重要地位，规划设置保护人也是信托设立与长期维护中的重要内容之一。

1. 对保护人权力的限制

在规划设置保护人之时，需要对其权力进行一定的限制。一般来说，常见的保护人权力包括：①任命与移除受托人；②要求/同意受托人变更信托管辖法；③要求/同意增减受益人；④要求/同意信托分配；⑤要求/同意信托提前终止；⑥任命继任保护人。

上述权力都是信托存续过程中对受托人进行有效监督的重要条件。由值得信任的保护人享有上述权力，可以更好地保证信托存续与运营符合设立人的意愿，使得信托资产的使用与分配更符合受益人的利益。与此同时，必须注意的是，保护人的权力不能过大，否则很可能导致不利后果。

例如，在梅普银行诉普加切夫案（Mezhdunarodniy Promyshlenniy Bank v Pugachev）中，英国高等法院就曾因信托权力设置失衡而否认了案涉的5个酌情信托的效力。在这个案件中，普加切夫是信托的设立人与保护人，同时也是信托受益人之一。英国法院认为，在该案中，保护人具有分配信托资产等的实质性权力，且这些权力不具有信义性质，保护人可以将全部信托资产分配给自己而无须照顾其他受益人利益，并进一步否认了前述信托的效力。

上述案例的角色设计方式（即设立人同时为保护人与受益人）是此前境外信托的常规做法。实践中，由于保护人享有信托大量的核心监督权力，大部分设立人都会选择自行担任保护人，而大部分设立人也同样会是信托的受益人之一。根据上述裁判规则，显然在这样的信托结构下，作为保护人的设立人，保留过多的控制权将对信托产生严重不利影响。所以，必须遵守的基本原则是：信托是为全体受益人设立的，信托不能成为设立人手中的泥团供其任意玩捏。

此外，长期来看，如果保护人是信托设立人之外的人，甚至是非受益人的、非家庭成员，那么更有必要去限制保护人的权力。确定保护人权力清单的基本方向是：通过保护人的设置与选择，更好地平衡对信托的监督与信托的稳定。

2. 独立保护人、机构保护人及保护人委员会

独立保护人一般是指与信托受益人没有利害关系的人士。选择独立保护人可以在一定程度上减少因保护人享有的广泛权力而对信托带来的不稳定性。专业人士除了个人信任要素之外，更有职业道德与职业纪律的背书，从而成为独立保护人的首选。相反地，如选择非专业人士担任独立保护人，则由于该非专业人士往往自身也是首次接触信托，很难深刻地理解信托架构与信托的运作规则，很可能无法妥当地行使保护人的职责和权力，反而成为信托正常运转的阻力。

除由自然人担任保护人外，还可以由专业机构担任保护人。这一方式在境外相对流行，例如，部分境外家族办公室等机构往往也会提供该项业务，其核心是利用家族办公室的专业人士来为信托提供服务。

相比之下，保护人委员会模式则更加灵活，可操作性更高。保护人委员会模式一般是指由设立人（或其指定的家庭成员）及其他职业保护人（如律师、税务师等）共同构成保护人委员会，保护人权力的行使需要通过委员会的集体决策（类似于公

司股东会或董事会）。一方面，保护人委员会模式下的委员会可以保留相对广泛的权力，通过对委员会决策方式进行设计，可以为设立人保留更多"控制权"，专业人士的引入也可以很好地解决信托存续过程中的法律、税务问题。另一方面，让家庭成员参与保护人委员会的集体决策，与法律与税务等专业人士一起"运作"信托，也是一个长远的家庭内部人才培养的规划，是值得有支付能力的大家庭尝试的模式。

以上是对保护人规划设置模式的分析。保护人作为信托存续过程中的"守护者"，是信托中非常关键的角色，而不同于集合资金信托，不同家族信托间的相似度和可参考度较低。因此，在设置保护人时，除了充分考虑以上常规的一般规则外，还应在个案中对保护人及其职责范围、选任规则等进行个性化的设计，以使保护人能够权责到位，更好地发挥自身的职责，为家族财富的世代传承保驾护航。即使对于已经设立的信托而言，如在设立时设有机会就保护人的职权进行详细规划，建议在信托存续期间随时与身边的专业人士沟通，了解是否有进一步优化的可能。

第二节 案例分析：沃尔顿家族的财富传承

1918 年，山姆·沃尔顿（Sam Walton）出生在阿肯色州的一个小镇上，从此与阿肯色州结下了缘：家族后续的主要活动都集中在阿肯色州。1940 年，山姆通过给别人打工开始了自己的零售职业生涯。1945 年，结束了兵役的山姆回到故乡和妻子海伦（Helen Walton）租了几间房子开了一家"五毛店"，专卖 5~10 美分的商品。由于山姆待人和善，附近的住户都愿意到他店里来买东西。1950 年，山姆夫妇以投资额两倍的价钱卖掉了小店，迁居到阿肯色州的本顿维尔，并在那里开办了一家新店。新商店虽然算是本·富兰克林连锁店的加盟店，但沃尔顿夫妇用家庭的姓氏给它取了名：沃尔顿家庭商店。到了 1962 年，他们的名下已经有 15 家百货店。当年，山姆和他的弟弟巴德（Bud Walton）终于在阿肯色州的罗杰斯城开设了第一家完全属于他们自己的商店——沃尔玛，姓氏（Walton）与市场（Market）的合成词。这就是今天我们在诸多城市都能看到的沃尔玛超市。至 1992 年山姆去世的时候，山姆·沃尔顿积聚了美国最大的一份家产——沃尔玛的分店网络扩大到 1 735 家，年营业额达 438 亿美元。只用了 40 年时间，沃尔玛从一家无名百货小店成长为全球第一的连锁超市。

沃尔顿家族对其家族企业的传承，是一个值得研究的话题：二代传承后，到了第三代，是孙女领导家族基金会，而孙女婿则接班了沃尔玛公司的董事长一职。从沃尔顿家族的基金会分析，看看他们是如何利用基金会（Foundation）与信托（Trust）进行慈善规划与税收筹划的。

一、三个独立的基金会

沃尔顿家族参与并推动慈善事业是一个循序渐进的过程。起初山姆·沃尔顿正致力于发展公司的事业，尚未积累足够的财富进行大额捐赠。他先后推出了美国中部奖学金计划（Central American Scholarship Program）、针对沃尔玛员工的沃尔顿奖学金计划（Walton Scholars Program）等。山姆·沃尔顿选择了"教育"作为他主要的慈善捐赠方向，这个方向性的选择也影响了其后代的慈善事业。

后来，沃尔顿家族逐步进入了慈善机构的制度化阶段。1987年，山姆·沃尔顿和妻子海伦·沃尔顿正式设立了沃尔顿家族基金会（Walton Family Foundation），该基金会的理事会仅由家族成员组成。现任理事会主席是卡丽·沃尔顿，她是家族第三代的成员，而她的丈夫则是近年来刚接班家族企业并担任沃尔玛集团董事会主席的格雷格·佩内。沃尔顿家族基金会理事会的其他 4 位成员都带着鲜明的特点：都带有沃尔顿（Walton）这个姓氏。

根据公开信息，沃尔顿家族一共设立了三个基金会。

（一）沃尔顿家族基金会

根据其官方网站所公布的公开信息，沃尔顿家族基金会的三大目标包括教育改革、改善环境、振兴阿肯色地区。该基金会不断努力为学生和普通家庭增加教育机会。自 1992 年以来，基金会在中小学教育领域投入了超过 13 亿美元。基金会还重点支持两个重要环境保护项目，即通过可持续发展的渔业恢复海洋环境，以及保持河流和淡水质量和可用性。该基金会还致力于对提高阿肯色州和密西西比三角洲地区居民生活质量的方案和措施进行资助。

沃尔顿家族基金会的组织机构包括理事会（board or directors）、管理层和工作人员。沃尔顿家族基金会管理层负责基金会的具体运营，与基金会一般工作人员、受赠人和其他组织伙伴一同进行日常的慈善工作。65 名工作人员[①]分散在四个办事处，在本顿维尔总部的大约一半，其余在丹佛、华盛顿特区、新泽西州的办公室。与盖茨基金会不同的是，沃尔顿家族基金会还是一个地方或者至少是一个本土化色彩较浓的基金会，一直在家族所在地进行回馈当地的活动。

---

① 2015 年数据。

据统计，沃尔顿家族基金会的资金来自沃尔顿家族成员和沃尔顿家族企业的合计仅占沃尔顿家族基金会捐款的1.2%，基金会的主要资金来源是信托。这也是沃尔顿家族成员被诟病的地方，这导致出现了"年轻的继承人们有自己的捐赠观"（Younger heirs to the Walmart fortune step up with their own views on giving）这样的媒体报道。

（二）另类基金会

除了沃尔顿家族基金会，沃尔顿家族还有一个更加神秘的基金会。这个基金会没有官方网站，鲜有公开报道，也不对外募集资金，这就是"沃尔顿家族慈善支持基金会"（Walton Family Charitable Support Foundation）。

关于这个基金会的报道很少，坊间对其的了解主要来自该基金会在税务机关的备案信息。通过这些备案信息，了解到早在2008年沃尔顿家族基金会持有的资产规模就达到7 000多万美元，在2009年与2011年，该基金会分别得到了沃尔顿家族基金会的巨额支持，使得其资产规模接近4亿美元。

该基金会的设立主要是用于支持阿肯色州的高等教育这一公益慈善目的，这是创始人山姆为家族慈善所确定的大方向。与沃尔顿家族基金会不同，这个基金会的理事会中，只有一名来自带着沃尔顿姓氏的成员，其他成员都是来自阿肯色州的名人，例如：该州的参议员、退休的大学校长等。这个基金会

2002 年向阿肯色州立大学捐款 3 亿美元，刷新了该州教育类捐赠的历史记录。

设立两个基金会绝不是沃尔顿冲动的想法，必然是专业规划的结果。沃尔顿家族基金会是主要的资金来源者，同时也是家族税收筹划的主要载体，受家族的绝对控制。而从沃尔顿家族慈善支持基金会的管理层结构看，充分吸收了当地的其他资源，并且主要的慈善活动在于回馈阿肯色州当地的高等教育。两个基金会有着明确的"分工"。

（三）沃尔玛基金会

沃尔玛基金会（Walmart Foundation）设立于 1979 年，是一个典型的"企业支持型"的基金会。该基金会的设立早于沃尔顿家族带着家族色彩的基金会。2016 会计年度，沃尔玛公司及沃尔玛基金会在世界各地所做的现金及实物捐赠达到 14 亿美元，属于一个非常活跃的企业支持型基金会。

沃尔玛基金会三大核心支柱是关注就业机会、可持续发展、社区三个领域，业绩尤其出色的是在就业机会方面。沃尔玛基金会关注女性。自女工项目成立以来，沃尔玛基金会已经为超出 76 200 位女性劳动者提供了劳动培训，涉及范围涵盖亚洲与美洲。沃尔玛基金会还关注退伍军人。2011 年，沃尔玛基金会承诺投入 2 000 万美元支持退伍军人的劳动培训和再教育。通过与其他专业组织如雪城大学的退伍军人与现役军人家庭支持机构（Institutes for Veterans and Military Families at Syracuse University）合作，为退伍军人进行工作培训和教育提供配套服务。借退伍军人节的契机，沃尔玛还向全国倡议欢迎退伍军人回归日常生活。

沃尔玛公司的全球性捐赠主要是通过沃尔玛基金会进行的。沃尔玛基金会有一个独立于公司的理事会，该理事会主要由沃尔玛高层管理人员组成。沃尔玛的企业捐赠和沃尔玛基金的拨款由一组沃尔玛员工团队负责。沃尔玛的首席可持续发展总监同时也担任沃尔玛基金会的总裁，对负责慈善事业的团队进行监督，并且向负责监督沃尔玛企业慈善的部门及沃尔玛基金会董事会汇报。

沃尔玛基金会被认为是大公司慈善的成功典范。沃尔玛公司赋予了基金会三个核心功能：①企业社会责任的体现；②享受特定的税收筹划利益；③助力企业的发展，包括在企业声誉方面，也包括在人力资源方面。

综上所述，沃尔顿家族现在依然是沃尔玛公司的控股股东，家族成员持有接近50%的公司股权。但是沃尔顿家族是非常罕见的同时设立家族基金会与家族企业基金会的家族，并且更难得的是，沃尔顿家族同时保持了两个基金会的活跃。

二、慈善信托

沃尔顿家族基金会的主要资金来源并不是靠山姆夫妇的一次性捐赠,也不是依靠其后代的持续捐赠,更不是靠家族企业的捐赠,而是通过多个慈善优先信托(Charitable Lead Annuity Trust)。

慈善优先信托是一种财富传承中结合了公益慈善与子女传承功能的信托架构。此类信托的结构为:由委托人设定特定的慈善公益机构作为受益人,然后在信托存续期间将信托本金及产生的投资收益陆续向这些选定的受益机构进行分配,到期之后有剩余的,剩余的部分归属于委托人指定的继承人。山姆夫妇在生前设立了多个慈善优先信托,这些信托基金自2008年以来已经提供了基金会捐款的99%以上。山姆夫妇放入信托的财产包括其生前对沃尔玛的持股,因此每年都有股息和分红。信托财产在平时也用于投资从而获取投资收益。在信托到期后,剩余部分的信托财产分配给了非公益受益人,也就是沃尔顿家族的第二代或第三代继承人。由于非公益受益人可能收到完全免税的信托财产,从而使沃尔顿家族继承人可以在免缴遗产税的前提下得到大量遗产。

早在20世纪90年代,肯尼迪遗孀杰奎琳(Jacqueline K. Onassis)在1994年的最后一份遗嘱中使用了慈善优先信托。

当时她以 50 万美金作为信托起始资金，然后每年的收益中特定部分捐赠给其选定的慈善机构，然后在其去世 10 年之后，将信托的余额一次性给其妹妹的孩子们。这是比较早的在传承规划中使用慈善优先信托的案例。

事实上，在美国的遗产税筹划中，"慈善+传承"安排在一个信托中，使得获得传承的后代免于缴纳遗产税的信托结构，并不罕见。除了慈善优先信托，还有慈善剩余信托（Charitable Remainder Annuity Trust）。此类信托是指委托人生前通过设立一个不可撤销信托，在其有生之年每年获得较为固定的收益（类似于年金），然后在其去世之时，信托所剩余的财产则分配给委托人生前事先指定的慈善组织。这是与慈善优先信托结构上相反的一种信托模式。

根据公开的信息，山姆的儿子约翰·沃尔顿因为飞机失事而去世之后，将其 50% 的资产（主要是其对沃尔玛公司的持股）放入了信托。从山姆开始，沃尔顿家族向来重视对遗产税的规划，而信托是他们进行遗产税筹划的主要架构。

三、案例总结

沃尔顿家族成员的个人资产远远达不到世界首富级别，但是作为家族，则算得上是世界上最富有的家族之一，并且到了沃尔顿家族第三代，不仅依然控制着超大的家族企业，还保留着巨额的财富，在有着巨额遗产税的美国其实并不容易。沃尔顿家族从山姆夫妇开始，利用信托对家族财富传承的安排有很多地方是值得学习与借鉴的。

第一，提前规划。山姆夫妇在沃尔玛还远算不上大公司的时候，通过设立股权信托，提前将4个子女的利益（每个人各自对应沃尔玛公司20%的股权）赋予子女，避免了巨额的遗产税。这不能不说是一个远见。同样，儿子约翰·沃尔顿因为很早做了遗嘱等安排，在其因意外身故的时候，提前安排好的规划避免了直接继承而产生的巨额遗产税。

第二，善用信托。信托具有相当的灵活性，具有递延分配、长期分配的功能，并且能够结合慈善安排。虽然中国现行立法框架下，暂无遗产税与赠与税这样针对传承的税种，但是信托的递延、长期分配功能并不受任何影响。个性化的信托安排是传承的必选工具之一。虽然由于隐私问题，各项信托涉及的具体细节披露非常有限，但可以确定的是，整个家族设立了至少20个信托。

第三，解放子女。沃尔顿家族并未将子女后代"捆绑"于家族与家族企业之上。主要有三个表现：①由第三代的孙女婿来接班，而不是强行将家族直系成员安排在沃尔玛中，体现了家族企业治理的价值观。②通过信托保留足够的资产来资助慈善基金会的运营，使得子女不需要将自己继承所得或者个人经营所得继续投入家族慈善基金会，不会给子女造成负担。③通过设立两个基金会，其中负责"筹钱"的基金会由家族成员控制，而另外一个实施慈善项目的基金会则聘请外界力量，由此减轻了家族成员管理慈善的压力。

第四，善用家族基金会。基金会不仅因慈善公益用途而能获得特定的税收筹划功能，更能用于增加家族的公共影响力，成为家族成员高端社交的重要工具。家族基金会的控制权在家族成员手中，因此，只要是符合慈善公益目的的项目，家族成员完全可以用基金会的资金来筹办，即家族基金会的资产，其控制权仍然在家族成员之中，只是适用目的受一定的限制。例如，2013 年，沃尔顿家族基金会最大的开支是资助了家族成员爱丽丝·沃尔顿的美国艺术博物馆项目（Crystal Bridges Museum of American Art），总金额是 12 亿美元。这是一个充满沃尔顿个人色彩的慈善项目，即使存在"名为慈善、实为私欲"的攻击性说法，但从法律上看并无瑕疵。只能说沃尔顿家族未雨绸缪的安排相当高明。

第五，即使是家族控股的企业，也将家族慈善与企业慈善分得很清晰。家族慈善的目的，是提供家族的影响力，并且慈善项目更受"主政"基金会的家庭成员的影响。之所以不用家族企业来"资助"家族基金会，主要原因有二：其一，存在利益输送的嫌疑，对其他非家族成员的股东不公平；其二，慈善是长期的项目，而家族企业很可能亏损、衰落，甚至出售给其他人，因此不能完全依靠家族。

他山之石，可以攻玉。沃尔顿家族的慈善，与早期的洛克菲勒、福特、卡耐基等工业家族专注政治话语权的模式不同，与盖茨基金会的国际化路线也有所不同，他们做的慈善公益更加本地化，更加家庭成员化。

第三节　梅艳芳身后事：信托的妥与不妥

梅艳芳女士去世后，因为一系列的诉讼，公开了一些其设立信托的事项。从一个照顾一些需要保障的家人角度，梅艳芳女士的信托虽然引发了诸多争议，但依然是一个成功的案例，下面根据公开信息对梅艳芳女士的信托进行梳理与分析。

一、生前信托

2003年9月经短暂治疗之后，梅艳芳在香港举行新闻发布会，证实自己患有子宫颈癌，并且病情较为严重。也许知道属于自己的日子并不多了，她一边进行治疗，一边积极投入到工作中，以期获得更多的收入。同年11月，她在香港举办了演唱会，并且还去了一趟日本进行商演。11月27日，她从日本回到香港，随即住进了医院进行治疗。遗憾的是，当年12月30日，梅艳芳终因子宫颈癌在香港养和医院病逝，终年40岁。

在医院治疗期间，她预知来日无多。于是在咨询了专业人士之后，完成了其遗嘱与信托的设立。从公开的资料看，当时为梅艳芳提供会计专业服务的是香港罗兵咸永道会计师事务所，即普华永道集团在香港的成员会计师事务所。而提供专业信托受托人的，则是汇丰国际受托人有限责任公司（HSBC International Trustee Limited）。值得一提的是，梅艳芳所设立的并不是国内部分律师所称的遗嘱信托，而是一个生前信托（inter vivos）。

梅艳芳对整个身后事的安排，清晰地折射出了其不幸的原生家庭境况。

梅艳芳出生于一个社会底层家庭中，其母亲共育有四个子女：两个儿子，梅德明、梅启明；两个女儿，即梅爱芳、梅艳芳。其中胞姐梅爱芳于2000年得癌症去世了，兄长梅德明身体也不佳，家庭条件很一般；而另外一个兄长即梅启明则是曾经多次挥霍过梅艳芳钱财的人物。兄长梅启明在梅艳芳的身后财产安排中，未获得任何直接的利益。

梅艳芳整个财产的去向主要分为两大部分。好友刘培基取得香港跑马地毓秀大厦及伦敦共两处物业。刘培基是梅艳芳出道时的形象设计师，从20世纪80年代初就服务于梅艳芳，是"老大哥"级的人物。梅艳芳将这部分财产遗赠给毫无血缘关系的人士，体现了她在原生家庭中"一直处于被寄生虫过度索取而心寒"的状态。另外一部分则是通过设立信托留给家人的。

梅艳芳的母亲覃美金每月获 7 万元生活费（后逐步获提升至 15 万港币），直至其母亲去世。梅艳芳已经去世的胞姐梅爱芳的两个儿子、兄长梅德明的两个女儿则获部分教育基金，以供他们完成学业。剩余财产最终的归属方则是妙境佛学会有限公司（New Horizon Buddhist Association Limited）。这个多顺位、多层次的安排，一方面让梅艳芳能够照顾其母亲，使其生活水准不至于下降（梅艳芳生前也给她母亲每月 7 万港币的生活费），另一方面也实现了她想脱离原生家庭索取的目标，即将其价值不菲的财产流向有恩于她的刘培基与佛学机构。

值得一提的是，梅艳芳在汇丰受托人处所设立的信托，取名为凯伦信托（Karen Trust）。但 Karen 与梅艳芳的英文名 Anita 并不匹配。Karen 这个命名很可能来源于梅艳芳一个并不为人熟知的名字即"何加男"。"加男"在广东话中发音与"Karen"较为接近。何加男是梅艳芳认香港嘉禾影视创始人之一的何冠昌夫妇为干爹干妈之时后者赐予的姓名，但并不为人广泛熟知。但是梅艳芳与何太太的私人交情远比与其母亲覃美金更为亲密。一个很重要的证据是：陪伴梅艳芳在医院度过人生最后一个月的人，是何太太而非其母亲。

二、无辜的信托受托人

对于汇丰受托人而言，承接了梅艳芳这个名人的遗产信托并未给其带来多大的广告效应,反而是多次负面的"引人注目"。

梅艳芳去世不久后的 2004 年,梅母覃美金就开始了长达十余年的一系列诉讼,她以梅艳芳在医院治疗期间因用药等原因而丧失了行为能力为由,要求撤销信托的安排。由于此时梅艳芳已经故去,要审查其行为能力,只能靠人证与物证了。起到关键作用的是何冠昌太太的证言,一则她当时每天都陪在梅艳芳身边;二则她与本案遗产无任何利益瓜葛。因此法官最终采信了她的证言,认定梅艳芳的遗嘱及信托设立有效。梅母后来与信托受托人及信托终极受益人妙境佛学会有限公司(New Horizon Buddhist Association Limited)发生了多次诉讼,诉讼的结果是:梅母因无力支付高昂的律师费而陷入个人破产的窘境;而信托受托人则因为应对诉讼而耗尽了信托财产的流动性,不得不多次拍卖作为信托财产之一的梅艳芳的其他实物资产。也就是说,所有与信托设立有效性相关诉讼发生的各项开支(包括法律服务费的开支),都是从信托受托财产中支出的,并不从受托人固有财产中支出。这是值得关注的条款设定。

正因为 10 多年来梅母从未停止诉讼,受托人不得不从信托财产中支出高额的律师费,所管理的信托财产缺乏流动性。于是,受托人于 2015 年委托了一个专业拍卖公司拍卖梅艳芳生前交付给信托的个人物品,包括一些奖杯及从未穿过的内衣。此项行为引起了梅艳芳的多位生前好友的不满,认为有损艺人之尊严。但信托受托人也是无辜的：因为委托人在设立信托的时候并未将这些物品的处置做另外指示，根据信托协议，他们确实能并且应该在缺乏流动性的时候进行变卖以获得现金资产。

三、案例总结

从结果来看，梅艳芳所设立的信托似乎并未达到其生前"保障梅母体面生活"的遗愿。但并不能因此否认梅艳芳所设立信托的意义，因为一方面，梅艳芳的信托在近十年所遭遇的，都是梅母"执着地否认信托安排的有效性"所引起的，并不是信托及条款设计本身的问题；另一方面，假如没有信托安排即使所有的财产给了梅母，后者并不一定有能力将自己的生活管理得更好。总之，我们不能因为发生持续诉讼而否认信托安排的意义。

从技术上，梅艳芳的信托还是有诸多值得借鉴的地方。

首先，该项信托设立了多顺位、多层次的受益人。其母亲作为第一顺位的受益人，享有终身的受益权；其侄女及外甥，则享有固定数额的教育基金；最终妙境佛学会有限公司作为终极受益人将获得剩余的信托财产。这样的安排不算复杂，但是能满足设立人的诸多不同的需求。

其次，在这样一个亲人很多同时又有索取无度倾向的家庭中，如果不设立此项信托，那么家人之间内部发生争执的可能性将大大提高。

最后，托付给一家专业的机构，尽管可能费用相对较高，但肯定是值得托付的。在境外，银行系受托人（bank trustee）、独立受托人（independent trustee）与私人信托公司（private trust company）三类主体构成了家族信托的主流受托人。对于大部分高净值客户来说，银行系受托人可能是一个试错成本最低的选择，毕竟凭借着银行的品牌服务诸多客户，经验相对丰富。

如果一定要挑信托一点毛病的话，最有可能的一个不足之处是：梅艳芳的信托设立得过于匆忙。她从住院到去世，一共就30多天，而其信托就是在这个短暂的时间内设立的。被病魔折磨的人，在如此短的时间内设立一个完全根据家庭成员状况与财产状况的个性化的信托，导致对未来的复杂情况没做充分预期，也是可以理解的。例如2015年的拍卖品所引发的争议，如果提前规划好，是可以有应对方案的。

综上所述，设立一个家族信托，需要有经验的专业人士的协助，需要长期提前规划，匆忙设立的家族信托在今后长期的管理中，往往会导致各种不愉快的事情出现，因为家族信托大部分是个性化的规划设计，并没有完美的方案可以借鉴。

第四节　戴安娜王妃的遗产与信托争议

2021年是戴安娜王妃去世二十四周年。在二十四年前的8月底，著名的戴安娜王妃与其男友多迪·费耶德在法国驾车摆脱狗仔队的跟踪时，因发生悲剧性车祸身亡。这一事故距今已有二十多年之久，期间也不乏阴谋论、谋杀论的传说，但无论如何，这已经是陈年往事了。从财富传承的角度来看，戴安娜王妃通过设立遗嘱信托进行财富传承，是一个公开信息可以检索到的著名案例，也是一个在专业人士协助下的经典案例，对于有意使用遗嘱信托的人士，其中可以参考的内容很多。

一、遗嘱

在1997年8月31日戴安娜王妃去世后，依据她的临终遗嘱，她的母亲，弗朗西斯·尚德·基德，以及她的姐姐伊丽莎白成为遗嘱执行人与遗产信托的受托人。该项遗嘱最初作于1993年6月1日，并于1996年通过遗嘱附录进行了修改。根据后续遗嘱检验认证过程中所披露的公开信息，戴安娜王妃留下了大概2 100万英镑的遗产，在缴纳不动产税等税后净值大约为

1 700 万英镑。

戴安娜王妃在 1993 年写的遗嘱的核心内容，我们通过援引其原文，部分内容摘录如下：

"我希望被安葬。

若在我和我的丈夫俱死亡之时，我的孩子未达成年，我指定我的母亲和我的弟弟厄尔·斯潘塞作为孩子的监护人。若我先于我的丈夫去世，则他应就我们的子女的教育和福利问题与我的母亲协商。（条款 3）

我宣布，所有费用，包括在我的遗愿生效之前发生的保管费、保险费，以及包装运输费用、将特定动产交付至各自受领人而产生的保险费用，都以我剩余的遗产支付。

除清偿本人丧葬费、管理费用及其他债务外，本人授权我的遗嘱执行人和受托人根据信托，在他们认为适当的情况下，对我的全部或部分资产保留原状，且无需对损失负责；或根据我的遗嘱授权，在他们认为适于投资信托资金及更改投资事项时进行出售，及依据信托保管资产。若我的孩子（包括威廉王子和亨利王子）在我死后存活达三个月，并达到二十五岁，且人数超过一人，则将份额平分。但如果任何一个孩子在我之前去世或在我死亡后三个月内去世，并以此孩子的直系后代在我死亡后存活达三个月并达到二十一岁，则该直系后代应代替进行份额平分。若我的孩子在我死后存活达三个月但已去世，若其直系后代的

父母之一仍然健在且有权取得该份额，则此直系后代不可获得此份额。（条款5）

我希望我的遗嘱执行人雇佣 Mishcon de Rey 律师事务所申请遗嘱认证书以及管理我的遗产，但这一愿望并不附加任何约束性义务。

我的受托人有权使用我的遗产和遗产收入清偿其在行使对相关动产的权利所发生的开销，或行使绝对酌情决定权决定的遗产或遗产收入的其他部分。本人进一步声明，我的受托人无义务就其可持有的动产制作财产清单，同时亦不对，无论何种原因或任何人所致的，损害或伤害及保险失效负责。（签名档前文）"

随后，戴安娜写了一封意向函并注明为签署遗嘱次日的日期。她要求将她的所有首饰和四分之三的动产交付给她的儿子们，而剩下的四分之一动产则被指定留给她的17个教子。

从专业角度，这项信托有几点是很值得注意的：

第一，此信托明确了以戴安娜最亲近的娘家人作为其遗嘱信托的受托人，为其儿子的利益受托管理遗产。这体现出戴安娜对配偶的不信任。

第二，设立了遗嘱信托，推迟了遗产交付给儿子们的时间，避免他们可能不正确地使用甚至挥霍遗产。这体现出戴安娜谨慎的风格。

第三，除了财产之外，戴安娜的信托还对未成年子女的监护问题进行了指定监护，避免其法定监护人可能滥用监护权或者疏于监护。

第四，戴安娜的信托赋予了遗嘱受托人（同时兼顾了遗嘱执行人）极大的自由裁量权。这也为后来的争议埋下了伏笔。

二、受托人的变更

在最初的遗嘱中，戴安娜要求以信托方式为两个孩子（威廉王子和亨利王子）保管这些资产，在他们年满二十五岁之后再交付遗产给他们。作为王室子弟，戴安娜并不担心两个儿子们会发生得不到照顾的情形，她担心的是他们可能会不当使用这些遗产。至于她的个人资产（在遗嘱中称为"动产"），戴安娜在遗嘱中指示执行人"尽快且不迟于我死后两年，执行我的书面备忘录或意向函"。

但是戴安娜的遗嘱信托受托人并不这样认为。在没有通知任何一个教子（他们大多数是未成年人）的父母的情况下，信托受托人向遗产法院申请了遗嘱信托意向书的"变更"。他们的变更请求最终获得了法院的支持。核心变更内容主要是有两点：第一，对儿子们的遗产分配从原定的二十五岁推迟到了三十周岁，但是威廉和亨利王子能够从二十五岁开始获得来自遗嘱信托财产所产生的收益部分。第二，原先的规划是她的17个教子会共获得戴安娜所有个人财产（除了珠宝）的四分之一的条款，改为每个教子各获得一件戴安娜的遗物。

对戴安娜王妃的意向函的更改被保密了若干年，这个秘密直到它因另一场诉讼而被披露。当教子们和他们的父母被告知意向函的内容时，他们大多感到震惊和愤怒。变更后，每个教子所获得的仅仅是被一些人称为"俗气纪念品"的东西，而不是获得总计四分之一的个人财产（每人的份额保守估计为10万到16万英镑）。

法院之所以裁定允许戴安娜的遗嘱信托受托人可以变更意向函，主要是因为在遗嘱中使用了"自由裁量"和"意愿"的词语。这意味着戴安娜的姐姐和母亲有权自行裁量，决定最终是否遵守她的意愿。

信托受托人戴安娜的母亲和姐姐通过变更，本质上扩大了威廉和亨利的利益，确保他们能获得戴安娜的所有个人资产，而不是仅仅四分之三。虽然备受教子们父母的抨击，但由于受托人并未从此项受托变更中自我获利，因此也无法从法律层面改变此项变更请求。

三、个人物品的争议

除了不动产、金融资产之外，戴安娜还有诸多的个人物品，她那著名的婚纱就是其中重要的一件。在150项收藏品中，有28件其他礼服、钻石头饰、照片、信件、家庭画作、家庭电影、以及有关《风中之烛》演唱者埃尔顿·约翰的乐谱和歌词等。戴安娜去世之后，他的兄弟斯宾塞伯爵（Earl Spencer）负责保管着那件著名的婚纱和其他个人物品。每年有大概两个月时间，斯宾塞会在奥尔索普展示这些收藏品。这里是斯宾塞庄园的所在地，也是戴安娜长大的地方。在这两个月里，游客们可以买票参观奥尔索普，观看名为"戴安娜：盛典"的展览及参观她的墓地。

在一年的其他时间里，戴安娜王妃的收藏品将被暂借给不同的博物馆和类似的展会，出现在美国及世界其他地方。戴安娜王妃收藏品网站称，到2011年，展品为慈善目的所筹集到的资金超过了两百万美元。斯宾塞家族声称这些收益将捐助给一个慈善基金。这一慈善基金为了纪念戴安娜的去世而创立，被命名为"戴安娜王妃纪念基金会"。

所有人都会有一些个人物品，只是名人的个人物品更容易引人注意而已。事实上，除了戴安娜王妃的案例，同为名人的梅艳芳在其身后也有类似问题。梅艳芳的信托受托人曾经也因为拍卖梅艳芳的私人物品，特别是其未穿过的内衣引发了诸多的争议。戴安娜王妃的个人物品最终会交付给他的两个儿子，他们如何处理，对他们也是棘手的问题。很少有人在遗嘱中去郑重地安排这些个人物品，而是将遗嘱的注意力放在了未成年子女的监护保障与财产的分配上，往往忽略了这些个人物品。这也是一个教训。

四、备受争议的受托人

戴安娜选择了自然人作为受托人，而不是专业受托人（professional trustee），事实上，如何选择受托人是一个艰难的选择。

选择自然人作为受托人的案例，在名人案例中比比皆是。例如，迈克尔·杰克逊，香港的霍英东，肯尼迪的遗孀杰奎琳。选择自然人受托人的一个优势是显著的：这些受托人了解委托人，也了解受益人，能够酌情行使受托人的权利对信托进行调整。例如在戴安娜的安排中，受托人将分配的时间从 25 周岁调整到 30 周岁，就是一个实例。

但是自然人受托人毕竟是自然人，也有诸多人性的弱点。其一，受托人届时可能年龄很大了，能否尽职行使受托人职责存在不确定性。例如霍英东遗嘱信托案中，受托人之一当时已过了古稀之年，很难有精力去管理受托财产；其二，受托人可能偏向部分受益人。比如按照戴安娜的遗嘱，戴安娜的 17 个教子原本可以分到四分之一份额的个人财产，就被受托人酌情进行了调整。此项调整显然是倾向于两个纯血缘受益人了。

如果交付给专业受托人，那么委托人、受益人面对的是一些专业人士。因为不敢贸然把各种自由裁量权授予陌生的受托人，必然考虑的一个要求是：在信托文件（trust deed）中，尽可能地将各种可能的事项安排详尽，做出预案。但是考虑到信托的存续时间很长，甚至部分国家或者地区（例如我国香港地区）承认"永续"的信托。因此，即使是找到经验丰富的专业人士来协助起草信托文件，也很难预设今后几十年、上百年中所有的事项。必然的结果是：受托人倾向于少做少错的选择，回避多做多错，不太会积极主动地根据受益人的实际需求去维护受益人的利益。

戴安娜王妃这个案例，设立遗嘱信托带来的好处是显而易见的：通过遗嘱信托，遗产从戴安娜王妃到儿子们（继承人）手里产生了一个时间差，在这个时间差里，遗产的管理权限不会落入其并不信任的孩子的法定监护人（即戴安娜的丈夫）手里。通过遗嘱信托，给孩子的财产继承设定了一个管理人，最终保障遗产在孩子成熟（30周岁）的时候再获得，保障了传承的安全性。

但受托人的选择并不是一项容易的决策：过于消极，则不利于受益人的保障；过于积极主动，则总会引起非议。因此，受托人的行为，不可能满足所有人的利益期待。比如将戴安娜的个人物品出租展示后获得收益的行为是戴安娜娘家人的想法，但是作为王室子弟的两个儿子可能并不赞同。

总之，设立信托之时，是选择自然人受托人还是专业（机构）受托人，并不是一项简单的选择。特别是对遗嘱信托，一旦选定且生效，此时遗嘱人已经身故，不再有任何重新选择的机会了；如果届时该受托人的状况存在不确定性，就需要特别的谨慎。从受托人的角度看，也是一项艰难的职责。

我国现行《信托法》是允许自然人担任受托人的，虽然在实践中非常罕见。但是当事人在选择遗嘱执行人的时候面临着同样的困境：选择律师这样的专业人士做遗嘱执行人，还是生前信任的亲属做遗嘱执行人？这个问题永远没有绝对正确的答案，只能以个案分析参考。